SALUTATIONS RÉVOLUTIONNAIRES

SOPHIE BONNET

SALUTATIONS RÉVOLUTIONNAIRES

Quatre ans de parloir avec Carlos

BERNARD GRASSET
PARIS

Photo de la bande : © Daniel Houpline / SIPA.

ISBN : 978-2-246-81518-1

à L.

Au commencement

Tout a commencé par un article dans *Le Figaro* en mai 2013. Le terroriste Carlos allait être jugé au Palais de justice de Paris pour des attentats commis en France trente ans plus tôt. Il tenait désormais salon en prison : « *Détenu à la Centrale de Poissy, M. Ramírez Sánchez, dandy bavard, semble se considérer comme une sorte de Voltaire embastillé, dégustant son moka dans de la porcelaine fine, déjeunant sur une nappe brodée.* »

Son histoire demeurait enfouie au fond de ma mémoire. J'étais incapable de citer précisément un seul de ses crimes ou faits d'armes, pourtant, à l'instant même, l'image de Carlos saisissant sa tasse de moka s'est cristallisée dans mon esprit. Son ombre trapue comme la mort se projetait sur les murs de sa cellule. Cela m'a paru évident, j'allais déposer une demande de parloir. Que ferais-je donc de tout cela ? En vérité, je n'en savais rien. Peut-être un livre, peut-être un film. Peut-être rien. J'attendrais de voir pour juger sur pièces. Carlos le révolutionnaire, le héros sanguinaire. L'homme au béret de Che Guevara sur le tarmac de l'aéroport d'Alger. Qu'était-il donc devenu ?

Au téléphone, son avocat s'est montré pessimiste. Ma demande n'avait quasiment aucune chance d'aboutir, les autorisations de visite se voyaient presque systématiquement refusées. Et l'administration pénitentiaire saurait que j'étais réalisatrice, il suffisait de taper mon nom sur Internet. Mais je pouvais toujours tenter ma chance. Il en parlerait à son client.

Carlos fut d'accord, il prodigua un conseil inattendu : je devais lui écrire en prétendant être une groupie intéressée par son parcours et effectuer une demande en ce sens à l'administration.

Une correspondance singulière s'est engagée avec Ilich Ramírez Sánchez, numéro d'écrou 11939. Et j'ai alors eu l'étrange sentiment d'avoir répondu à une petite annonce du *Chasseur français*.

22 janvier 2014,

Cher Monsieur Ramírez Sánchez,

Je suis votre parcours avec intérêt, je sais que vous recevez quelques visites, je serais honorée de pouvoir en faire partie.

Sophie Bonnet

26 janvier 2014,

Chère Sophie,

Je suis heureux en lisant et relisant votre carte. Mon avocat m'a parlé très bien de vous, de votre charme, vous

qualifiant de « belle intellectuelle », je vous embrasse très fort, voici ma photo. Envoyez-moi une belle photo de vous !
Carlos

28 janvier 2014,

Monsieur le Directeur,
Je me permets de vous demander un permis de visite pour rencontrer M. Ilich Ramírez Sánchez. Je suis en contact avec l'un de ses conseils, je m'intéresse à son parcours et je souhaiterais pouvoir faire sa connaissance.
Je vous joins deux photos et des copies de ma pièce d'identité, de ma dernière facture GDF et d'un courrier de Monsieur Ramírez Sánchez. Je vous remercie à l'avance et je reste à votre disposition pour tout renseignement complémentaire.
Je vous prie d'agréer, Monsieur le Directeur, l'expression de mes salutations distinguées.

5 février 2014,

Chère Madame,
Une suite pourra être donnée à votre demande de permis de visite lorsque me sera communiqué le résultat de l'enquête diligentée par les services de police.

15 février 2014,

Cher Monsieur Ramírez Sánchez,
J'ai fait une demande de parloir, l'enquête est en cours, j'ignore dans combien de temps j'aurai la réponse. Je vous joins une photo.
Sophie Bonnet

19 février 2014,

Chère Sophie,

Je suis en admiration devant votre belle photo, j'attends avec impatience de pouvoir vous admirer en tête à tête.

Mon avocat m'a beaucoup parlé de vous et de votre sympathie à mon égard, je suis très anxieux de vous rencontrer, je vous prie néanmoins de rester discrète, svp !

Votre admirateur,

Ilich

Attendant la réponse de l'administration, j'ai poursuivi mes échanges improbables avec le détenu Ramírez Sánchez.

Carlos semblait sur le point de parfumer ses lettres ! S'ensuit une série de courriers, signés « Votre admirateur » et agrémentés d'une petite photo collée au papier. Les mains menottées, il lève les poings en signe de victoire. Sans doute possède-t-il une réserve de ces images qu'il joint aux nombreuses missives adressées à la gent féminine.

23 avril 2014,

Madame,

J'ai l'honneur de vous faire connaître que vous êtes autorisée à rendre visite au nommé Ilich Ramírez Sánchez, détenu à la Centrale de Poissy dans le cadre des parloirs famille. La prise de rdv peut se faire par téléphone ou par courrier.

Deux mois plus tard, contre toute attente, l'autorisation m'est accordée de bénéficier des parloirs « famille » qui se tiennent le week-end.

Carlos m'écrit pour fixer une date et me demande de lui apporter des livres. Le ton est subitement très différent, autoritaire. Comme si, après avoir obtenu ce qu'il souhaitait, il ne jugeait plus nécessaire de poursuivre la comédie de la séduction. Il précise sèchement ce que j'ai à faire et semble trouver normal que j'obéisse. Insomniaque, il se couche tard, se lève en fin de matinée et ne peut donc me recevoir que l'après-midi. Il insiste fermement pour que je demande un double parloir, c'est-à-dire de 13 h 30 jusqu'à 18 heures, et que j'apporte de la monnaie pour la machine à café. Son courrier se termine par : *Veuillez me maintenir informé. Salutations révolutionnaires !*

En mai 2014, commence un long voyage qui va durer plus de quatre ans. Un samedi par mois, je me rends à Poissy pour un parloir de cinq heures. Je vais désormais voir davantage Carlos que mes propres parents.

En me retournant sur ces années, ces parloirs forment dans mon esprit un long tunnel, un défilé étrange qui ne porte pas de nom. Des journées âcres et douces, presque agglomérées les unes aux autres. Les bruits, les odeurs et les misères de la Centrale m'assaillent.

À chaque visite, je rejoins la file d'attente devant la porte. Je patiente, mon passeport à la main. L'immense majorité des visiteurs sont des femmes. Des mères, des épouses, des sœurs. Elles arrivent, chargées d'enfants, de jouets, de couches, de biberons. Toujours les mêmes filles, qui occupent tous les parloirs disponibles, les samedis et dimanches, le matin et l'après-midi. 9 h-12 h puis 13 h 30-18 h. Pour le déjeuner, elles patientent dehors sur le parking. Huit heures de prison par jour sans compter les trajets, les heures d'attente, les fouilles. Elles récupèrent des sacs de linge sale qu'elles rapportent lavé et repassé la semaine suivante.

Chaque fois, le miracle se reproduit : le peuple des femmes est là. Leurs besaces comme fixées au sol par des racines invisibles. Les unes derrière les autres, leurs enfants accrochés aux mollets. Elles réapparaissent en grappes dans une migration régulière, la morsure aiguë des semaines qui passent. Je me joins au groupe. Nous nous saluons d'un signe de tête.

Dès le premier jour, je me trouve comme aspirée par ces femmes immobiles. Celles qui attendent, celles qui sont muettes, celles qui m'observent, celles qui pleurent, celles qui se sont faites belles, toutes vont se faire sucer le sang.

Poissy est une Centrale, on y purge de longues peines. Et je ne peux m'empêcher de songer qu'aucun homme ne ferait ça. Aucun homme ne viendrait en parloir deux journées par semaine durant quinze ou vingt ans. Les bras chargés de pantalons et de slips propres.

J'apporte presque toujours des livres. Le premier jour, le gardien joyeux et débonnaire observe bizarrement mes deux ouvrages d'Emmanuel Todd et d'Ismail Kadaré.

— C'est quelle famille ?

— Ramírez Sánchez !

Je viens de me faire sermonner à l'entrée après avoir répondu deux fois « Bonnet » à cette question. Ici, on est classé par « famille », et j'appartiens donc à la famille du détenu Ramírez Sánchez. Cette fois-ci, je souris, toute fière de ma bonne réponse.

— Ah oui, Litchee !

Devant mon air interrogatif, il répète :

— Litchee, hein ?

— Mais non, c'est Ilich, il s'appelle Ilich.

— Ah oui, c'est ça, Ilich ! Il est bien gentil, c'est un blagueur, il n'y a que lui qui lit des livres comme ça, ici.

Je dépose mes ouvrages, ils passeront à l'inspection pour vérifier qu'ils ne contiennent pas de drogue et je traverse le portique. Théoriquement, je ne peux rien garder avec moi, à part un peu de monnaie pour la machine à café. À chaque parloir, je cache un petit carnet et un crayon dans les poches de ma veste.

Les fouilles sont aléatoires. Une seule fois, les matons m'ont pris mon carnet vierge, ne semblant pas comprendre quel usage je pourrais en faire. Ils cherchent les téléphones, la nourriture, les armes et la drogue.

Après la fouille, nous patientons jusqu'à ce que l'un des gardiens donne le signal du départ vers le parloir. À chaque fois, nous sommes une trentaine de familles enfermées dans une seule et vaste pièce. Le long des murs sont disposés des box de deux mètres carrés chacun. Les détenus et leurs proches peuvent s'y enfermer sans surveillance, les box ferment de l'intérieur et contiennent deux chaises.

Le centre de la salle est occupé par une aire de jeux pour les enfants. Dans un coin, cinq ou six matons restent assis dans une cabine en verre. À côté, deux distributeurs de boissons et friandises constituent le centre névralgique du parloir. On y croise en permanence du monde.

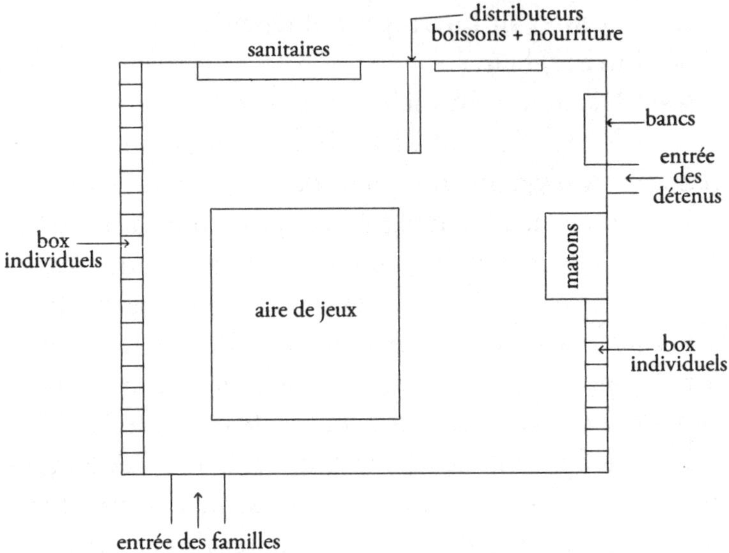

Nous entrons en file indienne avant de nous entasser près des distributeurs de barres chocolatées. Les détenus surgissent un par un. Étrange scène qui semble se dérouler dans un hall d'aéroport, ne manquent que les petites affiches indiquant les noms des personnes attendues.

Le premier jour, j'arrive en retard. Lorsque je pénètre dans la salle, la plupart des détenus ont déjà retrouvé leurs proches. Carlos apparaît, seul sous la lumière crue des ouvertures en Plexiglas. Immobile au bout du parloir. Corpulent, stature carrée, il m'adresse un signe de la main auquel je réponds doucement pour me donner une contenance.

Un rapide baisemain. Je me raidis, mal à l'aise. Endossant le rôle du maître des lieux, il m'indique avec emphase le box qui nous a été réservé. Je vous en prie ! La politesse distante d'une personne éduquée.

Nous avançons d'un pas rapide, il semble que nous ayons soudainement une destination urgente à rejoindre. L'air reste en suspens, presque menaçant. Un léger tournis m'étreint. La bouche sèche. Habillé très élégamment, Carlos a plutôt belle allure. Une veste foncée, un foulard de soie, une chemise et un pantalon impeccablement repassés, tiré à quatre épingles, très différent des autres détenus en jogging.

La mince porte de contreplaqué se referme sur nous. Une minuscule pièce, nos genoux sont forcés de se toucher. Les pupilles brunes. Les paupières lourdes. Je ne parviens pas à détourner les yeux de son visage et de son ventre. C'est un vieil homme. Où est le révolutionnaire au béret de Che Guevara ? Désormais, la bête est grasse et fatiguée. Un terroriste au ventre mou.

Sans entrée en matière, il se penche légèrement en avant et m'agresse verbalement. Il est furieux.

— Vous êtes arrivée en retard. Les visites débutent à 13 h 30, mais il faut arriver à 13 heures, vous comprenez ? Il faut absolument que vous soyez en avance sinon je risque de perdre le parloir.

Instinctivement, je me justifie. J'ai mis deux heures pour venir, le trajet était plus long que ce que j'avais calculé et j'ai été retardée par la fouille. Il ne semble pas m'écouter.

— Si vous êtes en retard, même de cinq minutes et que vous tombez sur un maton qui est con, ils peuvent très bien nous refuser le parloir !

Il s'exaspère que mon inconséquence ait failli lui faire perdre l'une de ses rares visites. Ce sujet l'accapare un long moment. Je finis par dire que je m'organiserai mieux la prochaine fois. La promesse de lui obéir désamorce la tension.

Je fixe son rictus impérieux et j'attends. Il m'offre fièrement un cadeau de bienvenue caché dans sa veste : un livre minuscule réalisé en son honneur par un militant turc communiste sur lequel est inscrit : *Freedomforcarlosthejackal.com (Liberté pour Carlos le chacal.com)*

— C'est un site internet créé par des Turcs qui militent pour ma libération. Et pour les Turcs, traiter quelqu'un de chacal, ce n'est pas insultant. Le chacal est un petit animal très gentil. Un prédateur, mais très joli. Rien à voir avec la hyène qui pue, le chacal est mignon comme un petit chat ou un renard. Vous le saviez ?

Je fouille ma mémoire, espérant trouver quelque chose à dire sur les chacals, mais rien ne me vient, impossible même de visualiser précisément cet animal. Un genre de chien. « Carlos le Chacal. » C'est en réalité le seul nom sous lequel on le connaît dans la moitié du monde. Alors puisqu'il est, malgré lui, associé à cette bête, il semble très soucieux d'en préserver la réputation.

Je glisse l'ouvrage lilliputien dans ma poche. Que répondre ? Que se dire ? La situation est déconcertante. Je l'observe, muette, comme effrayée de partager l'air chaud entre nous, de me trouver forcée de sourire. Mais rien ne paraît le déranger, il parle sans s'interrompre ni chercher un quelconque acquiescement de ma part.

Il est très étonné. Il ne pensait pas que l'on m'accorderait un permis de visite. Ils ne le donnent presque jamais. Ils l'ont certainement fait exprès pour rendre sa femme jalouse. Ils ne la supportent pas. « Ils » semblent représenter une force supérieure de décision. Un nouveau personnage, dont je n'ai pas fini d'entendre parler, pénètre ce jour-là dans notre histoire. Une entité invisible, mais omniprésente : les services secrets, l'administration pénitentiaire, tous ceux qui s'attellent à creuser son malheur. « Ils » sont au service de la propagande. Et Carlos hoche la tête d'un air pénétré. Le balancement persévérant et fier de celui qui sait de quelle manière tourne le monde.

Pendant des années, Carlos a été mis sur écoute, suivi, surveillé, épié dans ses moindres faits et gestes. En 1994, sa capture par Charles Pasqua a constitué un triomphe national, l'aboutissement de vingt ans de traque. Ce temps-là est bien révolu ; si son nom reste connu, aujourd'hui rares sont ceux qui savent dire précisément qui il fut.

La fureur autour de son histoire a disparu, mais le pli lui est resté. Impossible de croire que sa vie quotidienne n'intéresse plus grand monde. De grands desseins continuent forcément de se jouer autour de sa personne. Il détient des secrets d'État ! Il reste important car il a des ennemis puissants.

« Ils » espèrent donc que je tombe amoureuse de lui. Mais le Chacal se vante d'avoir percé à jour leur grossier stratagème. Ainsi m'a-t-il volontairement envoyé des photos agrémentées de phrases romantiques, pour laisser croire à une possible d'histoire d'amour. Tout ragaillardi par sa ruse, il gonfle le torse. Selon lui, « ils » veulent à tout prix se débarrasser de sa femme.

Il y a une dizaine d'années, Carlos a en effet épousé l'une de ses avocates. Comme il était encore légalement marié à la terroriste allemande Magdalena Kopp, Carlos et sa nouvelle épouse française ont dû se contenter d'une union religieuse. Ils se sont alors dit oui dans l'enceinte de la prison et selon la loi islamique.

« Ils » savent qu'il aime les femmes, donc « ils » espèrent le coincer de cette manière. Au début, on lui envoyait des avocates commises d'office, souvent très belles, il s'en est tapé plusieurs, comme ça, juste pour tirer un coup, il faut profiter quand même ! Elles lui demandaient : « Est-ce que vous voulez qu'on coopère ? » Une fois, à Fresnes, on lui a expédié une fille magnifique, absolument incroyable, une blonde avec de très gros seins, une taille fine et des jambes interminables. Ils étaient certains qu'il la sauterait ! C'est extraordinaire qu'il ait eu la force de résister. Carlos ferme les yeux, cette fille est à portée de sa main. Il rit, la touche presque du bout des doigts avant de se lever d'un bond pour m'entraîner dans le couloir. On étouffe ici ! Une intranquillité perpétuelle suinte de sa personne. Nous commençons alors à tourner sans relâche. Son accent extrêmement prononcé m'épuise. Il marmonne. Des cercles infinis autour de l'aire de jeux. Je manque d'air. La lumière crue de l'après-midi. Ces rondes borgnes, innombrables, me donnent la nausée.

Nous longeons les box collés aux murs. À l'intérieur, des couples se sont enfermés et cette vision paraît l'obséder. Son index me désigne les portes d'un geste rageur ; là-dedans, les gens sont en train de baiser ! Cette pensée le rend fou. Sur chaque porte en contreplaqué, une petite ouverture opaque est découpée. Certains couples l'ont obturée avec un vêtement, c'est le signal pour ne pas être dérangé. Carlos fixe sans relâche les portes où pendent les vêtements, c'est la preuve qu'il se passe quelque chose à l'intérieur ! Il se colle furtivement contre plusieurs ouvertures avant de conclure « Je regarde, même si ce n'est pas bien, ça fait obsédé ».

Je ne peux m'empêcher de sourire. Obsédé me semble effectivement le terme approprié. Je ne tarderai pas à comprendre que chaque femme constitue une cible potentielle. Instinctivement, il évalue ses chances avec toutes celles dont nous croisons la route : les matonnes, les visiteuses, les bénévoles des associations, toutes ! La traque est continuelle.

Il m'explique doctement que dans son pays, au Venezuela, les prostituées peuvent fréquenter librement les prisonniers, aucun permis ne leur est demandé. Le paradis.

Il semble subitement se souvenir que je ne suis pas venue lui rendre une visite de courtoisie.

— Qu'est-ce que vous voulez de moi ?

— Je vous l'ai dit, je voudrais écrire un livre ou réaliser un documentaire.

— Vous avez quel âge ?

— 40 ans.

— Ah, donc vous pourriez être ma fille.

Il m'examine d'un œil sec. Le seul moment où il s'intéresse à moi. Aucune autre question. Assis au pied des distributeurs automatiques, nous ne parlons que de lui et il ne semble plus guère se préoccuper de mes motivations. Je serais venue jusqu'ici mue par une admiration totale. Je tente de changer de sujet. À l'époque, je rentre d'un tournage au Cambodge dans des usines textiles aux conditions de travail épouvantables. Je commence à lui raconter ce que j'ai filmé là-bas, à lui, le marxiste, sensible à la situation des opprimés, des damnés de la terre. Il ne peut réprimer une grimace comme s'il venait de mordre un fruit encore vert et me coupe aussitôt la parole. Venez, on va marcher !

Je le fixe, incrédule. Et je remballe mes histoires de tiers-monde. Que reste-t-il de Carlos ? Un vieux monsieur gonflé d'orgueil. L'article du *Figaro* qui m'a convaincue de venir ressemble furieusement à une imposture. Nulle porcelaine fine ici, mais des gobelets en plastique jaunâtres. Pas de moka subtil récolté sur les collines du Yémen, une infâme lavasse de café soluble dont le goût aigre me reste sur les lèvres.

Et les napperons brodés en dentelle ? Aucune trace, je suis au paradis du linoléum. Une fable. Je me suis fait attraper comme une mouche avec de la confiture. Lorsque je touche du doigt la réalité, c'est la débâcle. Ici, gît la légende du Chacal. Personne ne vient jusqu'à lui, personne ne le voit. Il a comme disparu de la surface de la terre. Son unique chemin serpente désormais entre la machine à café et le distributeur de Snickers. Carlos dans le rôle d'un Voltaire embastillé ? Nous en sommes loin.

De temps en temps, il s'arrête et sourit, un rictus presque forcé, inquiétant. Je baisse le regard et fixe ses doigts. Quatre-vingt-trois personnes assassinées de ses propres mains et plus de deux mille avec ses troupes, son bilan officiel. Des cadavres désormais osseux. Secs. Je ne peux détacher mon regard de ses lèvres, étrangement épaisses sous la lumière crue. Lui qui a kidnappé, étranglé, terrorisé des populations entières. Rien ou presque ne reste de celui qu'il fut.

Chacune de mes questions ne me vaut que des réponses absurdes, hors contexte. J'espérais quoi en réalité ? Qu'il vide son sac ? Qu'il m'offre le thé en devisant gaiement sur la marche du monde ou en pleurnichant sur le sort de ses victimes ? Pensais-je lui ouvrir la bouche de force s'il ne voulait pas parler ? C'est un désastre. Notre conversation persiste, molle et tortueuse.

Carlos ? Ilich ? Je ne sais même pas comment l'appeler. Carlos me semble flagorneur. Ilich trop humain, trop proche. Alors je ne l'appelle pas.

Les cinq heures de parloir s'écoulent sans que j'aie aucun contact réel, il semble s'être parlé à lui-même durant tout l'après-midi. Mes quelques questions naïvement préparées provoquent des réponses boursouflées. Je ne vais rien tirer de lui. Il me traite comme une recrue potentielle pour son groupe terroriste disparu depuis trente ans.

Pourquoi revenir ? Peut-être par déformation professionnelle. J'ai été depuis longtemps pétrie de cette certitude : il faut aller au-delà de la première impression, au-delà du vide et des apparences trompeuses. Mais le mois suivant, la visite se révèle pire encore. En raison d'une panne de RER, je parviens devant la porte de la prison avec une heure et demie de retard. Compréhensifs, les matons laissent entrer les nombreux retardataires. Je cherche Carlos des yeux. Après le traditionnel baisemain, j'explique que je suis désolée pour le retard, mais que ce trajet horrible a duré trois heures. Ces considérations bassement matérielles ne l'intéressent guère. Pas un mot, pas une question. Les difficultés pour venir le voir ne valent même pas la peine d'être évoquées. Nous nous enfermons. Je sors mon carnet et mon crayon. La dernière fois, il avait insisté pour que je me procure un stylo de petite taille qui passe plus facilement inaperçu lors des fouilles. Lorsqu'il se rend compte que j'ai gardé le même, il se met à crier :

— Pourquoi vous n'avez pas fait ce que je vous ai demandé ? Vous ne m'écoutez pas ! Je vous ai dit de prendre un tout petit crayon, un tout petit crayon ! Pourquoi vous n'avez pas pris de petit crayon ?

Je tente d'expliquer que s'il y a une fouille, on trouvera le crayon et qu'il soit grand ou petit ne changera rien à l'affaire. Et puis même si on le trouve, je prétendrai l'avoir oublié, on ne peut rien me reprocher pour un crayon !

Il me coupe la parole, me reprend de volée : Vous êtes anarchique, vous ne tiendriez pas six mois dans notre organisation. Moi, j'ai été recherché par les polices du monde entier et pendant vingt ans, on ne m'a pas retrouvé. Il faut être structuré !

Je ne réponds rien, sa colère retombe. Notre conversation devient un bruit de talon sec.

Venez prendre un café ! Et il me presse pour sortir du box. Cette mondanité suffit à le dérider. Il n'a plus dîné au restaurant, ni assuré d'obligations sociales depuis un quart de siècle, mais il conserve les gestes maniaques et lents de celui qui choisit du bon vin, qui exige, qui goûte et donne son avis. Comme l'écho rassurant d'une vie disparue. L'odeur acide du café rance nous enveloppe. Je sors mes pièces de monnaie. Nous nous attardons, assis devant la machine à café, nos gobelets en plastique brûlants à la main.

Une petite foule se presse constamment à côté des distributeurs. Carlos se montre affable. Son rire, ses accolades bienveillantes. Il bombe la poitrine, n'est désormais que bonnes manières et sourires.

Satrape joyeux qui soigne sa popularité, il met un point d'honneur à parler à tout le monde en arabe. Il précise qu'il a appris cette langue dans les camps palestiniens, espérant que le récit glorieux de ses faits d'armes dessille les yeux de ses interlocuteurs. La plupart des détenus, des caïds de banlieue condamnés à de longues peines, lui répondent chaleureusement. Beaucoup plus jeunes que lui, leur connaissance de Carlos et de son parcours est floue, mais ils l'admirent. Il s'est battu contre des Juifs !

Ses prises de parole se répètent souvent à la virgule près. Sa plaisanterie favorite est jouée plusieurs fois par parloir. Il repère une famille, s'approche, cherche l'attention de l'auditoire en interpellant la mère, la sœur ou l'épouse : attention Madame, méfiez-vous, votre fils/frère/mari est l'ami d'un terroriste ! Et il rit, content de son petit effet. La stupeur de son interlocuteur l'émerveille à chaque fois. Le terroriste dont il parle c'est lui-même, mais la saillie douteuse n'est pas toujours comprise. Cette plaisanterie possède en tout cas un avantage majeur, elle oblige le détenu à présenter Carlos à sa famille : voilà Carlos, le célèbre terroriste ! La plupart des familles rient, d'autres répondent très sérieusement ; moi aussi, je soutiens les terroristes ! Moi aussi, je suis l'ami des terroristes ! Invariablement, Carlos parade et s'éloigne, satisfait.

« L'ami des terroristes ! » Qu'est-ce que je peux faire de ça ? Mon sujet me file entre les doigts, ricanant et hautain. Tournent, tournent les détenus indolents et les matons fatigués. Le fil de ses pensées est épuisant, il saute d'un sujet à l'autre sans arrêt, ses années de clandestinité en Hongrie, ses chaussures, l'argent qu'on lui envoie du Venezuela… tout n'est qu'une vaste et perpétuelle digression.

Je le scrute, m'efforce de fixer dans ma mémoire son visage carré au souffle joyeux. Un type arrive. Maigre oiseau à la poitrine creuse, le visage et les bras ravagés de boutons à vif, il semble se rendre à ses propres funérailles. Le teint cireux, presque plus de dents. Le silence se fait.

Accompagné d'un petit blond à l'allure de minet, le détenu s'avance vers Carlos. Visiblement de très bonne humeur, il lui assène une bourrade sur l'épaule.

— Hey Carlos, toi, je vais te tuer !

Ils feignent de s'administrer des coups de poing. Puis l'homme s'éloigne.

— Lui, il est contaminé par le sida et l'hépatite C, il fait venir des mecs régulièrement et il se les tape, il a ses habitués. On plaisante souvent. De toute façon, ici, ils m'admirent tous.

— Les détenus savent qui vous êtes ?

— Évidemment ! J'ai kidnappé des ministres et des ambassadeurs, j'ai touché des millions. À moi tout seul, j'ai tué plus de gens que tous les détenus ici, alors ils sont impressionnés. Je suis un fedayin. Il y a beaucoup de détenus qui me saluent en me disant « bonjour commandant » !

Gonflé d'orgueil.

Les premiers parloirs s'enchaînent, identiques et interminables. Nous tournons sans répit. Je rentre chez moi stupéfaite. Happée par ces grappes de détenus, par ces femmes et leurs sacs de linge. Par ces mères enfoulardées qui défendent les terroristes.

« Des femmes bien ! » Carlos me les désigne du doigt : celle-là vient en visite deux fois par semaine, celle-là trois fois, elles ont le sens de la famille. Pour un détenu, une femme qui vient en parloir est une bénédiction, elle assure les courses et l'intendance. Une servitude normale. Les femmes assistent, soignent, nettoient, payent, apportent, obéissent. C'est un dû. L'une d'elles, une jeune brune toujours élégante, se présente chaque week-end accompagnée de ses deux fillettes. Exactement du même âge que mes propres filles. Je reste sidérée par ce trio, comme un autre moi-même. Je leur tourne autour, presque harponnée par cette soumission.

Commence alors une lutte contre moi-même. Après chaque parloir, je repars, certaine de ne plus jamais revenir. Persuadée d'avoir effectué ma dernière visite dans cet endroit maudit. Et pourtant, un mois plus tard, je suis à nouveau dans le RER. Contre toute raison, je reviens. Je rentre chez moi habitée par ces gens, par cette impression d'écrasement général. Ces vies creuses de tout, ces heures de déambulation. Je croise toujours les mêmes familles. Ces visites m'obsèdent ensuite pendant plusieurs jours. Le lendemain et le surlendemain, je continue à tourner en rond dans la Centrale.

Mes carnets vomissent des phrases compliquées et sans fin, saisies pendant ces visites insensées. Incapable de décider, de savoir s'il convient d'arrêter ou de poursuivre, je m'autorise un parloir supplémentaire, puis un autre, puis un autre encore et peu à peu je m'habitue. À l'endroit. Aux détenus qui tournent à l'infini. Et à lui, l'assassin à la tête dure.

— Vous revenez quand ?

— Dans un mois.

— Apportez-moi des photos de vos enfants !

15 mai 2014,

Ma chère Sophie,

Votre visite a été un bonheur trop court hélas ! J'espère vous revoir bientôt pour un double parloir. Nos échanges intellectuels m'ont donné un grand plaisir. Les conversations enrichissantes sont si rares en prison. En attendant de vous revoir, recevez un « abrazo caluroso ».

Ilich

Pili

Je téléphone à Pili pour la première fois en 2014. Elle vit dans le sud de l'Espagne et parle un français parfait. Je lui explique travailler à un projet de livre et de documentaire sur Carlos. Je m'inquiète de remuer de mauvais souvenirs. Aucun problème, me rassure-t-elle. Elle est ravie de discuter, elle a si peu de gens avec qui évoquer cette affaire !

Sur les photos de l'époque du Drugstore, Pili est une petite fille brune qui fixe l'objectif, la frange dans les yeux. Une chipie espiègle. Maria del Pilar. Marie du Pilier.

Son prénom raconte son histoire. Le jour où elle vient au monde, le 12 octobre 1964, nul ne sait comment appeler ce nourrisson. Le père s'est enfui depuis longtemps. La mère, seule, l'examine d'un œil inquiet. Roule des syllabes au fond de sa gorge, mais rien ne semble convenir. Elle tend finalement le registre à la religieuse qui lange l'enfant. La bonne sœur n'est pas en peine : le 12 octobre, l'Espagne célèbre sainte Maria del Pilar. Sans ciller, elle inscrit donc ce glorieux prénom. En souvenir de l'apparition de la Vierge sur un pilier de Saragosse. Et voilà l'affaire rondement menée.

La petite Pili arrive à Paris à 8 ans. Par le même train que sa sœur Elvira, âgée de 11 ans. On l'a mise en garde : Tu verras, à Paris, il pleut tout le temps ! Les deux fillettes partent rejoindre leur petit frère, Eduardo, et leur mère, femme de chambre dans de grands hôtels. Tous les quatre se connaissent à peine, se sont vus quelques fois l'été chez les grands-parents. Pili tourne et retourne le mot dans sa tête : maman. La bouche sèche de l'enfant au moment de descendre du train. Elle secoue vaguement la tête, caresse des pensées troubles et compliquées. Sa jupe longue flotte contre ses chevilles.

La mère apprivoise ces deux filles presque inconnues. Elle quitte la maison très tôt le matin pour rejoindre un hôtel de luxe dans le 6e arrondissement. L'hôtel Littré. Une belle femme, joyeuse. À l'époque, elle est douce, patiente, elle ne crie pas, ne hurle pas, ne se fâche pas. La famille occupe une minuscule loge de concierge qui donne sur la rue. Les rires aigus des trois enfants à la tête brune s'échappent par la fenêtre, en attendant le retour tardif de leur mère. Libres ! Le soir, elle se tient devant la table : « Hacer las el Jaimito ! » (*Vous faites les ânes comme Jaimito !* Jaimito est un petit lutin espagnol.)

À l'été 1974, la famille déménage rue Saint-Placide grâce à une relation de travail. Un vrai appartement avec une salle de bains ! Une maison bien tenue, des enfants propres aux ongles nets et aux chemises parfaitement repassées. Tout est comme il faut. Pili a 10 ans. La fillette prépare son entrée en sixième au collège Jacques Prévert, rue Saint-Benoît.

Et puis, le Drugstore.

Le dimanche 15 septembre, en fin d'après-midi, les enfants et leur mère entrent au Drugstore acheter des disques et des fournitures. La veille de la rentrée scolaire.

Eduardo reste dans les escaliers. Les filles attendent près d'un comptoir. Partout des boutiques et la foule mouvante des acheteurs. Le bruissement des caisses enregistreuses et une frénésie joyeuse, bruyante, les laissent désorientées. La masse des visiteurs semble faire peu de cas des deux fillettes. La mère patiente à la caisse, sous un plafond en forme d'étoile, immense et transparent. La caissière, enceinte de sept ou huit mois, jette les tickets dans une pochette. Leurs dernières paroles s'élèvent vers le ciel dans un sourire pressé. Alors tout se passe très vite. Un bruit énorme. La lampe explose et le plafond, l'immense plafond de verre s'effondre.

Le dernier souvenir de Pili reste l'éclatement de cette lampe, puis rien.

Plus tard, elle est dehors, sur le boulevard, incapable de comprendre de quelle manière elle est sortie. Hébétée, collée aux autres enfants qui forment une boule monstrueuse, agglutinés les uns contre les autres, juste au milieu du passage, ils restent là immobiles et hurlant. S'effraient de leurs empreintes sanglantes sur le trottoir, les écoulements noirâtres qui les suivent où qu'ils aillent, le sol comme écrasé de ces silhouettes. Les chairs rouges.

Des cris, des cris incroyables. Une alarme folle qui rugit sans fin. Et les liquides ! Un mélange d'odeurs très fortes, de morts et de flacons éventrés des parfumeries du Drugstore. Puis une femme avec un bébé en sang, coupé en morceaux dans ses bras, qui crie : Vous l'avez tué ! Vous l'avez tué ! Il est mort. Pili ferme les yeux. Sûre que le hasard, qui a par erreur précipité une bombe sur sa famille, va agir à nouveau. Elle se persuade qu'en relevant la tête, les morceaux de l'enfant mort vont se recoller, que sa mère va apparaître. Le ciel semble exploser autour d'elle. La terreur lui fait ravaler ses cris.

Eduardo sort à ce moment-là, recouvert de sang, des morceaux de chair collés de la poitrine jusqu'aux jambes. Pili se retourne, Elvira est là elle aussi. Tous les trois. Les voitures tentent de passer, klaxonnent violemment, les vivants se relèvent, on les pousse, ils fixent la porte du Drugstore en tentant de distinguer leur mère. Ils crient comme des fous : Maman ! Maman ! Scrutent la porte sans fin.

La mère s'est relevée, indemne, elle marche où elle peut, entre les gravats et les flaques de sang. Au troisième escalier, le sabot d'Elvira, un petit sabot blanc décoré de rectangles bleus. Il n'y a qu'Elvira qui porte ce modèle. La mère ferme les yeux, sa tête menace d'éclater. Elle ramasse le soulier, le serre contre son gilet, repart à la recherche de ses enfants. Des gens blessés partout, allongés, impossible de savoir qui est mort ou pas, le sang.

Elle avance, sa main droite recroquevillée sur la chaussure ensanglantée. Les yeux comme déments. Broyée jusqu'à la cervelle. Un halètement jaune et glacé.

Quand elle atteint enfin le boulevard, les enfants se jettent sur elle, la saisissent, s'accrochent et hurlent : maman, maman, maman !

La mère ne les voit pas, ne répond pas, raide, comme morte, elle les distingue sans comprendre, sans les reconnaître, l'esprit frappé de terreur. Ce soir-là, alors que tournent les voitures et qu'une nuit opaque tombe enfin, la mère en reste presque tuée. Un peu de son esprit se fige ici, au milieu des éclats d'os et de débris métalliques. Puis sa cervelle creuse perçoit enfin les enfants qui crient. Elle pose alors ses doigts sur le désastre.

Elle déshabille frénétiquement Eduardo en pleine rue, l'enfant est couvert de morceaux de chair, elle veut savoir ce qu'il y a en dessous, il y a tellement de sang, tellement de sang, elle n'y arrive pas, ne peut pas s'imaginer dans quel état est son corps, à l'intérieur, elle répète : tu ne pourras jamais être comme il faut ! Mais l'enfant n'a rien, indemne, aucune blessure, tu es propre, tu es propre, le sang n'est pas à toi !

Pili et Elvira, assises à terre au milieu du boulevard. Du plomb dans les cuisses et les hanches. Et des fragments de grenaille. Gros comme l'ongle du petit doigt.

La mère court, tente de trouver un taxi, une voiture, quelque chose. Un monsieur sur le boulevard : Madame, puis-je vous aider ? La porte capitonnée de la voiture se referme sur la famille. Les trois enfants montent à l'arrière. Pili se retourne, agenouillée sur la banquette, et regarde fixement l'enfer.

Les cris, la chair, la poignée de vivants hagards, il semble à l'enfant que la voiture tourne, tourne, une chape d'air brûlant, l'ombre des cadavres, les vivants et les morts impossible à distinguer. Enfin, s'éloigne la rue de Rennes.

Pili répète sans cesse « moi, j'ai vu l'endroit qui a explosé, moi j'ai vu l'endroit qui a explosé » et la mère lui intime bruyamment : toi, tu te tais ! Tu dis rien ! Tu n'as rien vu, tais-toi. Les complications, la police, les questions. Le cœur lui manqua, et la fillette se tut.

L'hôpital Laennec. Chaque enfant installé dans une salle, la mère patiente des heures à l'extérieur. Pili reste seule, allongée. Mademoiselle, on ne peut pas retirer le plomb dans votre hanche droite, vous le garderez toute votre vie. Nous allons vous faire des injections contre le tétanos.

Un commissaire se présente à plusieurs reprises.

— Mademoiselle, on me dit que vous avez vu ce qui s'est passé ?

— Oui, la lampe du magasin a explosé, c'est la première chose qui a explosé !

Il revient un peu plus tard.

— Vous aviez raison, Mademoiselle, une grenade a été lancée du premier étage, c'est un terroriste qui l'a jetée par une fenêtre du restaurant.

L'enfant prête une oreille avide au flot de paroles, mais ne sait que répondre à cette annonce insensée.

Un terroriste avait donc décidé de détruire une lampe. Où était désormais ce terroriste ? Cette présence inimaginable l'enveloppa. En rentrant à la maison, le chauffeur de taxi leur offrit la course. Elle referma la porte d'entrée et il lui sembla que ce bruit-là aussi avait imperceptiblement changé. Elle tenta de résister au sommeil fétide durant lequel elle croyait distinguer la chute des gravats.

Et le lendemain matin, à l'hôtel, la patronne interrogea la mère :

— Dans le journal on parle d'une Madame Segui avec trois enfants, ça ne serait pas vous ?

— Oui, Madame, c'est moi !

— Mais allez vous reposer !

— Je suis désolée, Madame, mais je ne peux pas être seule, je préfère rester ici.

Quant aux enfants, ils font leur rentrée avec leurs blessures et leurs nouveaux cartables. La professeur principale interpelle la fillette aux pansements :

— Mademoiselle Segui, c'est vous qui êtes dans le journal ?

Il sembla à Pili que sa langue se collait contre son palais comme celle d'un poisson qu'on étouffe. Elle répondit par monosyllabes.

— Oui.

— Et ça vous fait mal ?

— Non.

— Vous vous souvenez de quelque chose ?

— Non.

Alors Pili retira ses pansements et n'en parla plus jamais. Et plus personne n'ajouta un seul mot. La fillette fêta ses 11 ans le 12 octobre 1974. Elle devint une enfant à la tête rocailleuse et aux souvenirs transparents.

La vie a continué. Les vacances en Espagne, les mariages, les baptêmes et les enterrements. Les soirs d'été, les jours de fête et les feux d'artifice.

Les années suivantes, la mère se tue à la tâche et engrange ses jours de labeur avec une mélancolie résignée. Sa machine à coudre trône désormais dans sa chambre. Le soir, elle coud à domicile en échange de quelques sous supplémentaires. Les enfants ont fini par se résoudre au bruit de l'appareil. Ils s'installent tous trois dans le grand lit pour regarder la télévision. Les uns contre les autres.

Lorsque la photo de Carlos apparaît à la télé, la mère le désigne d'un geste frénétique, « el terrorista Carlos ! El terrorista Carlos ! ».

Depuis le Drugstore, elle est pleine de cris. Son système nerveux est comme cassé. Si elle est fatiguée, si elle est en colère, si quelqu'un lui dit « tu dois te calmer », elle hurle « après ce que j'ai vécu ! ».

Petite épine discrète logée dans sa tête fragile. Rien n'est plus comme avant, tout le monde fait semblant. Comédie. Comédie.

Ils ont tout effacé, n'ont contacté personne, aucune autre victime, tout verrouillé, tout fermé. La famille reste obstinément solitaire, muette comme si cela n'avait été qu'une simple aventure, une anecdote, ah oui l'attentat ! Il était une fois. Rien.

À l'époque, il n'existe pas de suivi psychologique pour les victimes d'attentats. À l'époque, il n'y a pas d'attentats. Ni de stress post-traumatique. Nul ne semble faire le lien avec l'état de la mère. Elle est fragile. C'est désormais le mot que tout le monde emploie pour parler d'elle. Fragile. Elle ploie sous le poids de l'angoisse. L'appartement est parfaitement rangé. Mais dans sa tête, plus rien n'est en place.

Des souvenirs blancs la traversent comme des lames. Flotte une odeur de mort, celle des morceaux de chair que l'on a retirés de la hanche de ses enfants. Des langues de peau séchée et racornie. Une haleine froide s'échappe de sa bouche.

Toujours fatiguée. Elle s'enferme dans sa chambre, elle pleure, elle crie. Elvira crie aussi. Si tu veux mourir toute seule, tu n'as qu'à crever ! Eduardo s'enfuit en patins à roulettes et Pili reste seule, dans la salle à manger, tape sur la porte : « Maman, je suis là, quand tu veux, tu ouvres ! » Au bout d'un moment, la mère ouvre et Pili se couche à côté d'elle : « Je suis fatiguée, je suis fatiguée, vous ne pouvez pas me faire ça, je suis tellement fatiguée ! »

« Je suis fatiguée » était devenue la réponse à presque tout ce qu'ils demandaient. Alors Elvira est repartie en Espagne. Et Pili s'est mise à passer davantage de temps à l'extérieur qu'à la maison.

Un soir, Pili met la musique à fond et accable sa mère de reproches :

Tout est de sa faute. Elle est folle, son amant va la quitter, c'est sûr ! Et c'est aussi de sa faute si Elvira est partie.

Sa mère lui lance le radiocassette dans les jambes et la blesse au genou. Pili s'enfuit de la maison, marche des heures jusqu'au boulevard Saint-Germain. Jusqu'au Drugstore. Plus de traces de sang, plus de miettes de chair. Quelques souvenirs amers. Des passants pressés qui la fixent d'un œil morne. Et l'envie de se jeter dans la Seine. La lune verte et des vagues gonflées d'une fièvre boueuse.

Ensuite, toute la famille est rentrée en Espagne. Le village natal, à côté de Valence. Tous ensemble. La mère est suivie. Des psychiatres, des médicaments, des analyses, des apnées du sommeil et d'immenses cauchemars.

Trente ans plus tard, un après-midi de 2013, la police a débarqué chez Pili. Ici, dans un si petit village, tout le monde voit tout. C'est son fils qui a ouvert la porte, inquiet. Qu'avait donc fait sa mère pour que la police la cherche ?

Madame Segui, l'État français vous réclame ! ont répété les hommes en uniforme. Pili n'a rien su dire. Il y a eu comme un coup dans son ventre. Il allait donc y avoir un procès, quarante ans après l'attaque. Alors la famille a bien été obligée de reparler de tout cela, ils ont dû rédiger des courriers, écrire au juge, raconter, répondre aux questions. Et Pili a repensé durant des heures au plafond tombé sur la caissière. À la femme avec son bébé mort.

Avec Elvira, comment ont-elles pu se retrouver dehors, comment pouvaient-elles n'avoir qu'une petite partie de leurs corps blessée et tachée au milieu de cet océan de sang ?

Cet été-là, la télévision espagnole a diffusé un film sur l'attentat du Drugstore. En voyant la scène de la grenade lancée dans le café, les corps projetés les uns contre les autres, d'un seul coup quelque chose s'est ouvert dans sa tête : elle est restée enfouie sous des masses humaines. C'est grâce aux cadavres qu'elle a survécu. Ils l'ont protégée. Puis quelqu'un a poussé ces chairs pour la faire sortir. L'extraire. Subitement c'est devenu clair.

Depuis l'adolescence, elle souffrait de problèmes d'os, des douleurs incessantes. Il lui semblait qu'une bête s'était tapie dans ses reins. Des crises la réveillaient la nuit, elle s'étouffait et se tenait comme sidérée. Des accès de panique incontrôlable. Le jour où elle a compris qu'elle était restée enfouie sous les corps, la douleur a disparu.

Ils ont reçu une première lettre de la cour d'appel de Paris, puis une suite de courriers envoyés à toute la famille. Pili se plaint, elle est la seule qui parle encore le français alors sa mère, son frère et sa sœur l'appellent systématiquement. Pour chaque lettre, elle reçoit trois coups de téléphone inquiets. Et les courriers les noient d'informations incompréhensibles : Monsieur Ilich machin truc a été à tel endroit, il est passé chez le psychiatre et il a dit ça, ça, ça et Untel a dit ça, il est sorti, il est rentré, il est rentré, il est sorti, il a fait cette déclaration, il est passé par là.

Mais rien n'avance !

Combien de jours reste-t-il avant le procès ? demande la mère. Et la vendeuse qui était enceinte de huit mois, tu crois qu'ils ont pu sauver son bébé ? Tu peux savoir si la fille du comptoir est morte ? À 78 ans, la mère insiste pour voir ce « fils de pute » avant de mourir, elle veut le regarder en face. Les yeux fiévreux de haine.

Pili m'assure que si la police n'était pas venue, ils n'auraient jamais reparlé du Drugstore. Pourquoi aller au procès ? a demandé Eduardo. Pour quoi faire ? En quarante-trois ans, on n'a reçu aucune nouvelle, aucune aide, rien. Et finalement, il y a un procès, on ne sait même pas pourquoi. Putain, c'était il y a quarante-trois ans ! Les gens espèrent quoi ? que ce salopard va demander pardon ? qu'il dira « oui, oui, c'est moi qui ai lancé la grenade » ?

Pili et Elvira veulent tout de même y aller. Même si c'est pour être comme des animaux qui offrent leurs cous à la lame du boucher. Pili allume une cigarette.

Elle, elle ne savait rien sur lui ! Elle n'a jamais cherché de photos de Carlos, elle a regardé seulement à cause du procès. Elle ignorait tout de cette affaire, jusqu'au nombre de victimes. Et Pili souffle dans l'écouteur, comme stupéfaite de ce qu'elle a découvert. Son doigt bat contre sa mâchoire : J'ai appris qui était Carlos. Je ne savais pas qu'il avait tué tant de gens. Comme du bétail. Des bombes partout dans des aéroports, des banques, des trains. À chaque fois ou presque, des gens sont morts. Je ne savais pas.

Elle me répète : Et voilà.

Tremblante.

L'odeur violente de la mort. Celle des victimes mélangées aux débris. Où sont désormais les morceaux de chair qui recouvraient Eduardo ? Les ossements et les morceaux de cervelle ? Enterrés. Disparus. Volatilisés. Couverts de vermine. Pour Pili, le plomb est resté dans sa hanche. Elle aurait bien voulu qu'on le lui retire.

Nous promettons de nous voir au procès.

L'homme qui aimait les photos

« J'aime les petits seins. Aucune de mes épouses ne portait de boucles d'oreilles, ni de talons hauts et elles avaient toutes des petits seins. Quand j'y repense, je me dis que c'est étrange. C'est étrange, non ? »

Et Ilich lève les yeux dans le vague comme si cette association de trois caractéristiques féminines constituait un mystère opaque. Avant que je n'aie le temps de répondre, il jette un œil à sa montre et se lève subitement en me saisissant par le bras :

— Venez, venez, on doit aller faire des photos, j'ai pris rendez-vous pour 15 heures !

— Quelles photos ?

— Il y a un détenu qui est payé pour prendre des photos sur rendez-vous. Je me suis inscrit. Venez vite !

Nous quittons précipitamment le box. Ilich, devenu gai comme un enfant, se précipite sur la cage en verre des matons.

Ce carré aux vitres teintées, semblable à un bunker, perdu dans un coin de la salle du parloir. Trois ou quatre gardiens, assis, y surveillent un tableau électronique et des caméras. Pour leur parler, il faut s'adresser à un micro comme dans un guichet de la SNCF. Ilich les apostrophe joyeusement :

— On a rendez-vous pour des photos.

— Oui, mais Planchot n'est pas là, il faut attendre.

— Qu'est-ce qui se passe ?

— Je ne sais pas.

— Mais ce n'est pas possible, il est où le boss ?

L'excitation quasi sexuelle qu'Ilich semblait ressentir à l'idée de prendre des clichés retombe d'un coup. Son rêve menace de lui échapper.

Il se colle à la vitre en tambourinant sur le verre avec ses doigts. Les deux surveillants l'observent, placides, visiblement accoutumés à ces démonstrations. L'un des deux, un petit homme sec et chauve, commence à branler de la tête et réitère ses explications : Planchot n'est pas sorti de sa cellule. Ilich plaide sa cause, dépité.

— Mais je m'étais inscrit il y a plus de trois semaines ! Vous voyez, je me suis habillé chic, j'avais mis exprès une veste noire et mon foulard, je l'ai acheté il y a trente ans dans la meilleure boutique de Damas.

Mais Damas est loin. Le destin d'Ilich s'est échoué ici, entre le distributeur de barres chocolatées et la cage des gardiens. De grands gestes inutiles ponctuent chacune de ses phrases. Le petit maton sec écarquille les yeux.

— Il faut attendre. On ne peut rien faire de plus.

Immobiles, nous guettons l'arrivée du messie Planchot. Les minutes s'étirent. Ilich patiente, raide comme un ambassadeur rompu aux missions délicates de négociations. Dédaigneux devant la nullité du petit personnel.

Je propose que l'on revienne plus tard, mais Ilich me toise. Comment puis-je remettre en cause sa décision ? Il est en prison depuis 1994, il sait comment ça marche ! Ici, on n'a pas le choix, on est obligé de fermer sa gueule. Lui qui était en relation avec tellement de chefs d'État, il dépend désormais de types comme ce Planchot, c'est inimaginable !

Je note la plus grande partie de ce qu'il dit. Consciencieusement. Après une longue hésitation, j'ai finalement décidé de rester, de poursuivre les parloirs. Au bout de quelques mois, j'ai eu le sentiment que je parviendrais à entrer dans la tête de cet homme. Ce fut peut-être naïf ou prétentieux de ma part, mais je suis revenue chaque mois. Des heures obscures et incertaines, durant lesquelles nous tournons et discutons sans fin. Je ne réfléchis pas, si je commençais, il est fort probable que je ne reviendrais plus. Ces après-midi se répètent, identiques. Je prends soin de l'appeler Ilich comme pour mettre l'horreur à distance. La vision floue de sa silhouette au loin lorsqu'il s'avance.

Parfois une mélancolie étrange se dégage de lui, d'habitude si gonflé par la certitude de son importance. Il m'abreuve d'informations et de conseils. Le parfait petit manuel pour survivre en Centrale. Et là, le sujet du jour, c'est Planchot.

À l'entendre, ce Planchot est payé au moins deux cents euros par mois pour prendre des photos. Quand il ne descend pas, on ne lui dit rien parce que c'est un indic. Il a pris trente ans pour meurtre avec torture. C'est un « Farançi », ça veut dire Français en arabe. On se fout de lui, on lui dit : « Hey, les Farançi, vous êtes une espèce protégée ici, il faut être gentil avec vous, vous êtes en voie de disparition ! »

— Il n'y a pas de Français ici ?

— Très peu. Les matons sont antillais et les détenus c'est des Noirs, des Arabes et des Corses. Il n'y a presque aucun Français et quand il y en a, ce sont des pauvres types qui restent enfermés dans leurs cellules toute la journée, on ne les voit jamais, ils ne savent pas se débrouiller. Ils étaient déjà isolés socialement avant la prison et certains n'ont aucune visite pendant vingt ou trente ans. Alors quand ils sortent, vous imaginez ! Planchot, c'est un des seuls Farançi qui se fasse respecter.

Nos après-midi semblent rejouer à l'infini des scènes dans lesquelles les mêmes personnages sont forcés de se croiser. Les Farançi, donc. Ils constituent une catégorie à part qui n'a pas grand-chose à voir avec la nationalité. Les Farançi sont blancs, n'appartiennent à aucune sorte de communauté et sont globalement des pauvres types. Et ceux-là, cachés et invisibles, je les vois rarement. À part « Momo le pédo ».

Le vrai nom de Momo le pédo est Maurice. Ce Farançi est un petit homme inquiétant aux cheveux mi-longs grisâtres, qui enlace et touche ses visiteurs d'une manière pour le moins particulière. D'après Ilich, il a pris perpète pour un enfant violé puis assassiné. Ici, c'est un pointeur et on lui mène la vie dure.

Les gitans se montrent particulièrement vindicatifs à son encontre, mais Ilich prend systématiquement sa défense. Il n'arrive pas à croire que Maurice soit coupable, d'autant que sa condamnation lui a fait perdre une situation confortable. À plusieurs reprises, je l'entends prendre son parti.

Ilich : Mais tu sais que Maurice, avant la prison, il gagnait très bien sa vie comme mécanicien, il avait un salaire de treize mille francs !

Gitan : Oui, c'est ça et le gamin aussi il était mécanicien et il gagnait treize mille francs ! Moi, je suis père de famille, j'aime pas les pointeurs !

Ilich : C'est un type bien !

Gitan : Qu'est-ce que tu racontes ? Il a tué un gamin et il l'a violé avant. Un type bien, tu parles !

Ilich : Tu es sûr de ça ?

Gitan : Sûr à 200 % !

Ce jour-là, Ilich bat en retraite, à court d'arguments.

Récemment, la libération prochaine de Maurice a été annoncée. La rumeur a enflé : malgré sa perpète, Maurice allait finalement être relâché au bout de quinze ans. D'autres parlaient de vingt ans, mais de l'avis général, s'il sortait, alors c'est que tout le monde pouvait sortir et les commentaires allaient bon train…

— Toi aussi, Ilich, tu as pris perpète, mais tu vas bientôt pouvoir être libéré. Regarde, même Maurice va partir !

— N'importe quoi, moi c'est politique, ça n'a rien à voir !

Et Ilich ricane. Vaguement dégoûté que l'on puisse comparer d'une quelconque manière sa situation avec celle d'un Maurice. Il est prisonnier politique, aucun rapport avec ces pauvres types, détenus de droit commun.

Momo le pédo allait donc être remis en liberté. Je restai sans voix devant cette annonce. Ce jour-là, la femme de Maurice, une petite dame grisâtre et rondouillette, se réjouissait. Elle interpellait joyeusement les passants pour leur annoncer la bonne nouvelle : Maurice sort demain. On pourra se voir tous les jours ! Il va passer deux ans en foyer, et ensuite il rentrera à la maison. Et l'heureuse épouse poursuivait sa tournée d'adieux. Triomphale et digne.

En attendant, toujours aucune nouvelle de Planchot. Finalement, un bruit sourd se fait entendre dans le couloir des gardiens. Au comble de l'excitation, Ilich tend l'oreille, se colle au hublot de la porte pour repérer un éventuel arrivant. Rien. Le claquement sourd de ses poings résonne au dos de la vitre.

La menace planante devient réelle : Planchot ne daignera pas se présenter. La loi pénitentiaire n'a rien prévu pour ce genre d'infraction. Nous voilà pris dans les mâchoires de cet infâme félon.

Le monologue d'Ilich s'écrase contre la plaque de verre : avant, il n'y avait aucun problème, on pouvait prendre des photos pendant les parloirs. Puis des abrutis ont tourné des images porno alors tout a été interdit. Mais Ilich ironise : c'est le règne de l'hypocrisie et de l'omerta. Les matons vérifient uniquement ce qui les arrange : ici, tous les détenus fument du shit. Les familles se planquent des réserves de drogue dans le cul quand elles viennent en parloir, les détenus les cachent de la même façon pour rentrer en cellule et voilà. Et tout le monde a un portable. On laisse faire pour avoir la paix. De temps en temps, on fouille dix cellules, les types partent au mitard puis ils reviennent et tout recommence comme avant. Lui, on ne peut rien lui reprocher ; il est l'un des seuls qui n'a ni portable, ni connexion internet et qui ne prend aucune drogue. Il s'enorgueillit d'être exemplaire.

Ilich s'anime. Et puisque vous êtes réalisatrice, pourquoi vous ne tournez pas un film sur moi ? Un film avec Alain Delon dans mon rôle ! On pourrait réunir des fonds au Venezuela pour lancer une superproduction. Ce serait un succès mondial ! Ilich se tourne et effectue alors une petite révérence ridicule, le visage éclairé d'une expression parfaitement dénuée d'ambiguïté : c'est l'extase. Le roi Ilich n'est pas de cette terre, il est le souverain d'un monde englouti.

Cette petite sérénade est interrompue par l'arrivée d'un nouveau maton. Un Antillais à la carrure imposante. Il souffle, exaspéré, accompagnant chaque phrase d'un geste sec.

Corseté et suffisant, il débarque d'un autre monde empli de formulaires, d'autorisations à faire viser en trois exemplaires et d'horaires pour les pauses déjeuner. Ilich le toise. Il n'a pas de leçon à recevoir d'un bouffon.

Maton : Alors, qu'est-ce qu'il se passe ici ?

Ilich : J'avais pris rendez-vous pour les photos, il est où le chef ?

Maton : Il n'y a personne pour le moment.

Ilich : Et Planchot ?

Maton : Non, toujours rien.

Ilich : J'avais pris rendez-vous à 15 heures, ça fait plus d'une heure.

Maton : Oui, je sais, Planchot est prévenu, il va descendre.

Ilich s'énerve :

— Mais putain, il ne descendra pas, vous le savez très bien !

Maton : Qu'est-ce que j'y peux ? Je n'ai pas le droit de prendre les photos moi-même.

Ilich : Il y a des surveillants qui le font !

Maton : C'est contraire au règlement !

Ilich : Le règlement, c'est quand ça vous arrange, pour couvrir les trafics de drogue, là, il n'y a plus de règlement. Tout le monde se drogue, tout le monde cache des téléphones et vous ne dites rien, mais quand il s'agit de prendre une photo, à moi, vous me parlez du règlement !

Maton : Moi, ce n'est pas mon travail, il y a des détenus classés pour prendre les photos et d'autres classés pour couper les cheveux, ils sont payés pour ça ! Je ne suis pas payé pour prendre des photos.

Ilich : Planchot, ça fait des mois qu'il ne descend plus faire les photos, c'est un indic et tout le monde le sait.

Maton : Oui, mais je ferai un rapport.

Ilich : Ça ne servira à rien et vous le savez très bien.

Maton : Je ne peux rien faire d'autre.

Ilich : Vous êtes à notre service, vous devez répondre à nos demandes. Faites attention ! J'ai déjà fait pleurer deux directeurs de prison. Il y en a un, je l'ai pris à la gorge, je lui ai dit « putain, mais c'est quoi ce bordel ? ».

Et Ilich nous mime la scène. D'une main, il se saisit lui-même à la gorge comme pour s'étrangler et de l'autre main, il tente de se dégager. Ses deux poings semblent appartenir à deux personnes différentes.

Il gesticule, tire la langue en poussant des petits cris d'étranglement. Pendant une dizaine de secondes, il lutte contre l'homme invisible. Le maton est censé comprendre l'effroi ressenti par le directeur, mais les mimiques étant grotesques, j'ignore ce qu'il en pense.

Il nous regarde, éberlué :

— Je ne prends pas les photos, ce n'est pas mon travail.

Après sa lutte contre un ennemi imaginaire, Ilich retrouve ses esprits, l'air triomphant de celui qui a fait plier deux directeurs.

Ilich : Et me faire chier, c'est votre travail ? J'ai acheté un nouvel ordinateur par la Centrale, ça fait un mois qu'il est bloqué alors que vous avez encaissé l'argent !

Maton : Ce n'est pas ce que j'ai entendu. Moi, on m'a répété que votre ordinateur était bloqué car on avait intercepté une conversation à propos d'un mail envoyé à votre avocat.

Ilich : Je ne sais même pas de qui vous parlez, j'ai plus de cent avocats dans le monde entier.

Maton : Tant mieux pour vous, mais ce n'est pas parce que vous vous appelez Carlos que je vais faire une exception, le règlement est le même pour tout le monde.

Ilich : Je n'ai pas de perversion sexuelle, je ne me drogue pas, je ne vous crée pas d'ennuis, alors faites attention, moi aussi je vous surveille. Je suis là depuis plus longtemps que vous, je sais comment ça marche ici !

Le gardien tourne les talons et quitte la salle en empruntant le couloir qui rejoint l'intérieur de la Centrale. Alors qu'il n'est encore qu'à quelques mètres de nous, Ilich me dit très fort :

— Et en plus celui-là, il est homosexuel ! Je ne l'ai pas dit devant lui parce que vous étiez là.

Nous fixons le dos qui s'éloigne, le surveillant ne daigne pas se retourner.

— Les matons, dans l'ensemble, c'est des pauvres types victimes de leur classe sociale, ils n'ont pas le choix. Il n'y a pas beaucoup de femmes. J'aurais souvent pu me taper des gardiennes, mais je ne trempe pas là-dedans, moi. Quand j'étais à Fresnes, il y avait une matonne, une jeune Portugaise assez jolie, enfin baisable quoi, d'à peu près 28 ans. Elle achetait et distribuait gratuitement des puces de téléphone à des détenus antillais et africains. Elle payait ça sur son propre argent et se faisait sauter par trois types. Un détenu a décidé de la filmer avec une petite caméra cachée dans un crayon. Bref, il l'a filmée pendant qu'il la prenait en levrette et a enregistré la vidéo sur son ordinateur. Pendant une fouille, on a trouvé les images. La fille a été virée. Les matons, à part une petite minorité de connards, la plupart sont des types bien. Quand il y a des problèmes avec eux, je leur dis « vous êtes à mon service, ce sont les impôts des citoyens qui vous paient pour assurer cette fonction et j'ai des droits ». Ils n'ont pas l'habitude qu'on leur parle de cette manière. Ils n'aiment pas ça. Ils me respectent, vous savez ?

Tandis qu'Ilich pérore, une ombre imposante émerge en silence. Encore un nouveau gardien. Je repère l'appareil photo attaché contre sa hanche. Ses yeux doux.

— Je vais prendre les photos, j'ai eu l'autorisation du chef, mais il ne faut pas le dire, ok ?

— Ok. Où est-ce que l'on se met ?

Rasséréné par sa victoire, Ilich plaisante avec le surveillant : je vous offre un café ? Un thé ? Un bisou ?

Appuyés contre le mur sale du couloir, nous sourions à l'objectif. C'est à peine si nous prêtons attention au souffle des fumeurs de haschich qui s'enroulent sous les box. Les prises s'enchaînent en silence pour ne pas gâcher la solennité de l'instant. L'appareil est vieux et lent. Sur les clichés, Ilich, triomphal, lève le poing en l'air en signe d'une future victoire contre l'ennemi.

Le maton se prête au jeu avec patience. Ilich le met en garde :

— Pour les photos, vous ne dites rien à ma femme, hein ?

— Ah non, ne vous inquiétez pas, moi je ne dis rien du tout. Allez souriez ! Je vais prendre des photos de votre ventre en gros plan, vous allez voir, je vais casser le mythe, moi. On va vous appeler Carlos le bedonnant !

Une voix grave retentit dans le haut-parleur : *Fin du parloir dans cinq minutes !*

Un rapide baisemain puis Ilich me tend sa bouteille de Vittel à moitié vide : « Tenez, gardez-la. » Comme d'habitude, je proteste que je n'en ai pas besoin. Il l'enfonce malgré moi dans la poche de ma veste avec son paquet de Kleenex entamé et sa convocation pour le parloir d'aujourd'hui.

— Si, si ! Emportez-les en souvenir !

Il dit cela sans ironie aucune, comme si je devais être flattée de garder des objets physiques qu'il a touchés. Chaque mois, il répète ce geste systématiquement, trouvant normal que je collecte précieusement ses reliques.

J'ignore s'il m'imagine conservant dans une armoire vitrée des dizaines de petites bouteilles entamées ou bien buvant amoureusement ses restes d'eau minérale.

— Vous revenez quand ?

— Le mois prochain.

— Je referai une demande pour les photos.

Je rejoins le cortège des familles qui s'échappent de la salle.

Les deux premières années, le même cérémonial se rejouera quasiment à chacune de mes visites. Prendre des photos sera l'une de ses idées fixes. J'en possède désormais toute une collection. Sur la majorité d'entre elles, Ilich prend la pose le poing levé. Souvent, il demande à vérifier le résultat avant de refaire des prises. Elles sont pourtant rigoureusement identiques.

S'il tient tant à ces clichés, c'est sans doute qu'ils constituent des preuves. Des instants de vie qu'il peut envoyer à ses multiples correspondants à travers le monde : vous voyez, des journalistes viennent encore me voir !

Au bout de deux ans environ, il a dû juger que sa collection était suffisante et cette soif de photos s'est peu à peu tarie. Pendant longtemps, mon souvenir de ces parloirs mensuels resta celui-ci : j'attends debout dans le couloir, Ilich me tient par la taille, son autre main se dresse, victorieuse, et nous sourions à l'objectif.

Ilich et moi - acte 1

La femme d'Ilich découvre mon existence fin 2014. Il avait curieusement « oublié » de la prévenir. J'ignore comment elle l'apprend, mais elle tombe des nues, interloquée et furieuse que j'aie pu obtenir un droit de visite. Ilich est prié de régler cette affaire immédiatement. Un samedi d'octobre 2014, à mon arrivée, il semble dans tous ses états. À l'époque, nous nous vouvoyons encore.

— J'ai parlé de vous à votre rivale ! Il faut absolument que vous alliez la voir le plus vite possible. Elle est très méfiante. Apportez-lui votre CV, des DVD de vos documentaires et des exemplaires de vos livres, c'est très important.

Il paraît étrangement soucieux de ne pas froisser son épouse, et je suis sommée d'aller rendre des comptes à ma « rivale », qui exige que je montre patte blanche. Elle s'inquiète visiblement de mes intentions à l'égard d'Ilich. Madame Carlos est avocate, elle s'enflamme depuis longtemps pour les causes antisionistes et a la réputation de se montrer peu commode. Le mariage qui l'unit à son fameux client est une union islamique, elle n'est donc pas une épouse officielle et s'agace souvent des questions que provoque leur situation atypique.

Quelques jours plus tard, je me présente à son cabinet, enceinte de sept mois, quelques DVD sous le bras et mon CV à la main pour cet improbable entretien d'embauche. Une tension indéfinissable flotte dans l'air. Ma « rivale », une petite femme gracile et autoritaire aux poignets délicats, me jauge, m'évalue. Mon ventre proéminent plaide en ma faveur, je suis visiblement jugée inoffensive.

Je l'observe, intriguée. Une dizaine d'années plus tôt, elle a publié un livre singulier : *Épouser Carlos, un amour sous haute tension*. S'y côtoient des déclarations enflammées, des serments d'amour éternel et même quelques poèmes romantiques signés d'Ilich. Le tout forme un grand numéro à l'eau de rose plutôt gênant. Je m'attends donc à rencontrer une amoureuse transie.

Eh bien, pas du tout. Je n'en crois pas mes oreilles. Notre entretien n'est qu'une longue récrimination envers celui qu'elle appelle Carlos. Ses griefs semblent innombrables : il lui prend tout son temps, elle n'en peut plus ! Ses dossiers salissent sa réputation. Elle travaille gratuitement depuis des années. Et avec les gens comme moi, c'est encore des ennuis en perspective.

Moi et tous ceux de mon espèce, elle nous connaît. Je vais lui ajouter du souci, lui causer du tracas, c'est écrit d'avance. Elle le sait. Qui va vérifier mon travail ? Personne !

Elle exige donc de valider tout ce que j'écrirai ou filmerai. Elle gagnera ainsi un temps précieux et cela m'évitera de dire trop d'âneries, car le sujet est fort compliqué et je ne vais rien y comprendre. Il suffit que je lui signe une attestation et l'affaire sera réglée.

Je ne réponds rien. Depuis mon arrivée, elle fume sans discontinuer de longs cigarillos dont elle me souffle la fumée au visage. Psss, psss, murmurent les ronds vaporeux au milieu du cabinet silencieux.

Je refuse de signer. Madame Carlos secoue le front, raidie d'exaspération. Notre entretien s'achève sur un rire sec. Elle me raccompagne, semblant mesurer à l'avance les futurs problèmes que je vais lui causer. L'affaire s'arrête là. Elle considérera désormais que je suis quantité négligeable. Les rares fois où je la croiserai, elle m'ignorera ostensiblement.

Après cet incident, pour évoquer sa femme, Ilich s'amuse à dire « votre rivale » puis « ta rivale ». Nous sommes forcément en compétition. Nous nous battons pour lui. Et Ilich jubile à l'idée de cette nuée de femmes s'écharpant pour grappiller des miettes de présence et d'attention.

Dans son esprit, les rapports de séduction sont obligatoires entre personnes du sexe opposé. D'ailleurs, durant de longs mois, la question qui le taraude est : votre mari est-il jaloux de moi ? Ilich se réjouit d'imaginer mon époux dévoré d'inquiétude à l'idée que je puisse tomber sous son charme.

— Laurent doit être très jaloux, non ? me questionne-t-il à chaque parloir.

Après ma réponse négative, il ne peut retenir une moue dubitative. Drôle de mari ! Quel genre d'homme est-ce donc ? C'est tellement décevant. Laurent sait-il que des tas de gens couchent ensemble en prison ? Il sait qui je suis ? Comment ne pas penser que nous puissions avoir une aventure ? Et d'ailleurs, c'est qui votre mari ?

Du bout des lèvres, je finis par concéder : il est alsacien, comme si cela pouvait le définir. Mon mari est alors l'objet d'interrogations répétées. Il passe à la question : sa famille, ses études, son travail, ses opinions. Ilich cherche la faille, l'anormalité qui permettrait d'expliquer l'absence de jalousie à son égard. Ce mystère restera irrésolu et il finira par se faire une raison.

Au fil du temps, cette délicate question est donc tranchée : nous ne coucherons pas ensemble. Ilich se convainc que cela n'a rien à voir avec son charme. Si je ne cède pas à ses avances, c'est parce que je suis une mère de famille respectable, c'est d'ailleurs ainsi qu'il me présente désormais aux détenus : « Voici Sophie Bonnet, une documentariste et mère de famille respectable ! »

Mais tout de même, je pourrais faire une exception, avoir un moment de faiblesse, c'est humain, non ? Cela restera toujours du domaine de la plaisanterie, il ne sera jamais insistant, mais inlassablement, à chaque parloir, Ilich retentera sa chance. On ne sait jamais, et si j'avais changé d'avis depuis la dernière fois ? Ce serait une faute de ne pas vérifier !

En quatre ans, ces tentatives répétées perdureront à l'identique : Tu ne veux pas essayer avec un vieux ? Tu n'es pas gérontophile ? Grâce à moi, tu seras bientôt veuve, ce serait l'occasion de tenter une nouvelle expérience ! Comme nous avions rendez-vous, je me suis habillé chic, ne me dis pas que c'est pour rien. Regarde comme je suis séduisant…

La liste est infinie. Ilich joue au Dom Juan et moi, je m'efforce de travailler. Lors des premiers parloirs, je déroule des séries de questions. Logiques. Ordonnées. Chronologiques. Ravi d'avoir un auditoire, « l'accusé Carlos » m'impose des monologues interminables et hors sujet. Comme lors de ses interrogatoires et procès, il pérore, des heures durant mais ne répond à rien, n'avoue rien, ne raconte rien. Épuiser ses interlocuteurs demeure son jeu favori. On ne m'attrape pas comme ça, se rengorge-t-il, satisfait. Je ne suis pas celui qui se fatigue en premier.

Un samedi, nous nous asseyons. Je réchauffe mes mains contre le gobelet brûlant et je le questionne sur les liens de son groupe avec le dictateur Ceausescu.

Il marmonne, se lance dans des digressions sans fin sur la Roumanie, paradis terrestre du communisme. Ceausescu était bien gentil avec eux, il les finançait, sans exiger aucune contrepartie, non, non aucun assassinat politique. À Bucarest à l'époque, il fallait supporter des conditions de vie très difficiles, il n'y avait presque rien à manger, mais les gardes de Ceausescu leur trouvaient toujours de bonnes petites choses au marché noir. Les services roumains veillaient à leur confort, ils recevaient même de la viande, de très beaux morceaux de gibier. Et Ceausescu leur a donné un million de dollars, alors qu'ils n'avaient rien demandé. C'était bien aimable de sa part. Non, rien en échange. C'était un brave type, un paysan qui travaillait pour le bien de son peuple. Tout le monde raconte qu'il vivait dans un palais luxueux, mais en réalité, pas du tout, il occupait une petite habitation à l'intérieur, il est resté très simple jusqu'à la fin. Elena Ceausescu leur servait le café elle-même quand il venait avec ses hommes. Les Ceausescu étaient tous les deux très modestes. Et bla bla bla…

Ce monologue absurde n'en finit pas. Rapidement lassée de ses salades sur les tasses à café des Ceausescu, j'arrête d'écrire. Je le laisse parler. Bienvenue dans son royaume. Le seigneur des lieux s'appelle Ilich et règne sans partage sur la prison, les détenus, les matons. Sans drogue, sans vin, sans médicaments, son cerveau résiste. Tournent, tournent les détenus. Les gardiens nous regardent passer, immobiles dans leur cage. Le parloir s'étire.

Il est le seul à se souvenir de l'homme qu'il a été et ce rêve-là le ronge comme de la soude. Il demeure obsédé par sa chute. Personne ne doit la remarquer. Invisible, inodore, elle se dissipe dans l'air à force de gesticulations et de postures. Le rêve d'Ilich est simple : il est un héros, depuis toujours et pour toute éternité. Quiconque s'oppose à cette hallucination n'est qu'un traître et doit périr par le sang. Le haut-parleur résonne pour annoncer la sortie de 15 h 30 et Ceausescu en profite pour prendre la tangente.

Dans l'après-midi, je m'évertue tout de même à obtenir quelques réponses : Parlez-moi d'Hussein de Jordanie, pourquoi avez-vous tenté de l'assassiner ? Ilich reprend ses circonvolutions : à cette époque, il habitait Londres. Et le voilà qui entame une logorrhée à propos de la reine d'Angleterre et du système politique anglais. Un cours magistral pour s'offusquer de ce que les citoyens britanniques aient davantage de droits que les Français.

J'abandonne Hussein de Jordanie. Quelle vie menait-il à Londres ? Comment gagnait-il de l'argent ? Ilich disserte et m'explique doctement pourquoi la Grande-Bretagne demeure moins raciste que la France. Il exulte, ragaillardi par ces joutes verbales absurdes. Je hoche la tête, sans vraiment le voir. Ses discours terminés, il fixe son gobelet de café vide, promène son regard autour du box, l'air satisfait, tout semble parfaitement en place.

Que faire ? Je reste plantée là, comme sidérée, fatiguée de guetter ses réponses insensées, de réitérer mille fois les mêmes demandes. Il me semble évident que je n'obtiendrai rien frontalement. À ce jeu-là, il domine toujours. Je ne peux me résoudre à claquer la porte, alors j'arrête les questions. Persuadée que cette situation ubuesque se débloquera avec le temps, j'enchaîne désormais les parloirs sans but précis. Des discussions « pour rien », durant des heures. Nous discutons de politique ou d'histoire, de l'actualité, de nos familles.

Carlos le terroriste s'éloigne tout à fait dans ces moments-là. Je suis forcée de le reconnaître, Ilich se montre sous un jour nouveau, souvent drôle et cultivé. J'ai, à l'époque, un projet de documentaire sur les communautés religieuses du Moyen-Orient : les mandéens, les nestoriens, les sabéens, les samaritains, etc. Nous en débattons des heures durant.

Les morts et l'odeur des cadavres décomposés se tiennent dorénavant en retrait. Comme s'ils n'avaient été qu'un songe sanglant. Quand par hasard l'un d'eux remonte à la surface, je me trouve prise au dépourvu puis la conversation reprend, l'air de rien. Je me figure échapper ainsi au désastre. Peu à peu, une nouvelle relation se crée, incompréhensible et imprévue. Son humanité ne laisse pas de m'étonner. C'est un homme. C'est donc un homme. Je l'observe avec effarement poursuivre son existence de chanoine pansu.

Il me remémore son passé, connaît la valeur de sa légende, aussi fissurée soit-elle, et se persuade qu'il a l'éternité devant lui. Je ne pose guère de questions. Je connais la vérité officielle et je me forge peu à peu mon intime conviction.

À partir de la fin 2014, venir en parloir se révèle de plus en plus compliqué à cause de ma grossesse. « Je sais que vous ne pourrez pas marcher longtemps », me répète-t-il souvent. Nous nous asseyons alors un instant puis, très vite, il se relève, incapable de demeurer immobile. Nous tournons encore et toujours. Nausées, vertiges. Le trajet en RER puis la marche jusqu'à la prison, les fouilles, l'attente, la station debout m'épuisent. J'ai le sentiment trouble d'être désormais engagée moralement. Ilich est seul, il m'attend. Lorsqu'un parloir est fixé, je ne peux me résoudre à l'annuler, retenue par une inexplicable mauvaise conscience.

Lors de ma dernière visite avant l'accouchement, en décembre 2014, Ilich n'a pas été prévenu, je me trouve alors forcée d'attendre interminablement qu'un maton aille le chercher en cellule. Après cet après-midi épuisant et absurde, je cesse temporairement mes visites.

Ma fille naît en février 2015. Lorsque je reviens, en avril, Ilich a perdu une dent. Cette brèche rend son accent encore plus difficile à comprendre. Il n'a plus un sou. Il me fait de la peine. Dès mon arrivée, il désigne avec envie des gâteaux derrière la vitre du distributeur. Les Napolitains. Des pâtisseries épaisses fourrées à la crème dans des sachets de plastique transparent. Toute ma monnaie y passe. Je le regarde s'éloigner vers le box, les poches de sa veste gonflées de biscuits. Il récupère mes pièces pour ses emplettes. Puis, dans un mélange de plaisir et de culpabilité, il savoure les gâteaux sucrés qui lui sont interdits car il est diabétique.

Comment vont les enfants ? Le prochain bébé, nous l'appellerons Ilich ! Apportez-moi des photos. Je veux la voir grandir ! Il insiste. J'ai une peur obscure qu'il garde les clichés, qu'il les emporte dans sa cellule. Lorsque enfin, un après-midi, je les sors de ma poche, il les brandit fièrement sous le nez de tous les passants : Regardez, la petite est née ! Régulièrement, il s'entête, il faut que je demande un droit de parloir pour ma dernière fille. Emmenez-la avec vous ! me répète-t-il. Il lui envoie des cartes postales de chatons ou de bébés animaux signées « tonton Ilich ».

Il me présente désormais comme une amie. Je suis également devenue une sorte de faire-valoir. Les détenus me connaissent et préviennent Ilich : « La jeune femme qui vient te visiter, je l'ai vue à la télé ! » Il fanfaronne, se vante que je vais réaliser le film *Carlos 2* sous sa supervision, ce sera un triomphe qui rétablira la vérité sur son compte.

Je ne sais plus quand nous avons commencé à nous tutoyer, à nous faire la bise. C'est arrivé peu à peu, sans réelle décision. Sans y penser. Sans que je puisse m'expliquer pourquoi.

Je continue de prendre des notes, pour un documentaire ou un livre, « un jour ». Je n'y réfléchis pas vraiment. Nos relations sont devenues normales, même si j'ignore ce que signifie une relation « normale » avec un type comme lui. À part mon mari, je ne vois personne d'autre en tête à tête cinq heures par mois. Malgré moi, un lien se crée et j'en suis la première étonnée. Il ne s'inquiète pas de ce que je vais écrire, ne me demande jamais ce que je compte faire de nos entretiens, ni sur quoi je travaille en ce moment. Il m'observe prendre des notes et sa tendance naturelle au triomphalisme lui laisse penser que je le dépeindrai en héros. L'important, c'est que je vienne. Il fait le pitre, s'assure que les autres détenus remarquent mes visites. « Nos échanges intellectuels », comme il les appelle, ont surtout l'avantage de lui faire oublier sa solitude.

Peu à peu, il me demande de lui apporter des choses et je cède presque systématiquement. Au début, mon mari s'exaspère que je puisse accepter ; il faut être dans une posture claire et ne rien acheter ! Je me justifie, tente d'expliquer que ce n'est pas si facile. Mais enfin, pourquoi tu fais ça ? Ça tue complètement ton travail. Vous n'êtes pas amis. Pourtant, en vérité, nous devenons tout de même « un peu » amis. Forcément. Il me touche, me fait parfois de la peine. Il est tout seul. Alors j'achète, j'apporte, j'envoie. Mon mari s'étrangle. Puis il cesse de donner son avis. Inutile de commenter. Quand on mange avec le diable, il vaut mieux prendre une longue cuillère, mais moi, j'ai une toute petite cuillère.

Dans son esprit, un contrat tacite nous lie. Nous sommes associés. Je facilite sa vie, je fais la conversation, j'apporte des choses de l'extérieur, j'investis du temps, un peu d'argent et en échange je peux noter, écrire, écouter. Il faut que je l'aide à faire illusion. Apporte-moi des cigares, s'il te plaît, trouve-moi des bons cigares ! Ce signe de reconnaissance entre puissants lui permet d'entretenir la magie. Comme avant, lorsqu'il suffisait d'un signe de la main pour que la manne céleste tombe du ciel.

Et les doigts pâles d'Ilich miment le geste d'allumer un havane avant d'en souffler la fumée en larges cercles. Des doigts de désœuvré qui n'ont jamais travaillé, ne puis-je m'empêcher de penser en fixant cette peau lisse et cireuse à l'abri du soleil depuis si longtemps. Loin des besogneux. Son souffle n'est que gloriole :

— Si tu connais des gens qui récupèrent des cigares, prends-en pour moi.

— Comment ça, tu veux des cigares gratuits ?

— Mais oui ! Les chefs de la télé, ils se font tous payer des cigares, essaye de m'en faire passer. Ils payent ça en cash.

Si « les patrons de la télé » ont des cigares, alors c'est imparable, il doit en avoir lui aussi ! Je renonce à expliquer que « les chefs de la télé » ne signifie pas grand-chose, et que de toute façon, je ne les fréquente pas.

— Tu sais, maintenant, on ne peut pas sortir des espèces comme ça.

— Qu'est-ce que tu me racontes ? Tout se paye en cash, nous on achetait des voitures en cash !

Lorsque je lui révèle que le maximum autorisé pour les paiements en espèces est trois cents euros, il me fixe d'un œil dubitatif. Comment une décision aussi stupide aurait-elle pu être prise ? Par quel cerveau malade ? Il ne me croit pas. Son monde à lui est resté bloqué dans les années soixante-dix, au moment où il est entré dans la clandestinité. Quoi que je dise, il sait mieux que moi comment marchent les choses. Il veut des cigares, ce qui signifie que je dois en trouver. Point. C'est moi qui ai voulu venir le voir, alors je peux bien me débrouiller.

La voix atone du maton nous fauche net : *Sortie des parloirs intermédiaires !*

Au milieu du parloir, les détenus sont obligés de se rassembler quelques minutes, ils sont fouillés avant de pouvoir réintégrer la salle. Ilich se lève donc, l'air affairé de quelqu'un chargé de remettre de l'ordre dans les affaires du monde et dans celles de la Centrale. Il rejoint ses codétenus puis réapparaît dix minutes plus tard.

L'air est léger. Je suis bien forcée de l'admettre, il est le plus souvent charmant, drôle, de bonne humeur. Pourtant, même si j'ignore volontairement sa face sombre, quelques redoutables accès de violence se chargent de me la rappeler : il oscille entre la bonhomie et la manipulation, souffle le chaud et le froid. Un mot, une remarque, une question d'apparence anodine peuvent mettre en branle un engrenage de fureur.

Au début, comme s'il voulait s'assurer de mon allégeance, Ilich s'efforce de me faire peur. Il se vante d'avoir donné mon nom à plusieurs détenus et insiste : les gens de l'ETA, je leur ai parlé de toi, ils te connaissent. Et il hoche la tête, satisfait de son petit effet : j'ai intérêt à filer droit. Les traîtres, il les punit dans le sang. Quand on le trahit, il se venge ! Il prétend avoir des gens à l'extérieur et ceux qui se moquent de lui le paient cher. En baissant la voix, il marmonne qu'il n'y a pas si longtemps, il a fait tuer un militaire libanais dont il voulait se débarrasser. Une conversation téléphonique avec l'un de ses contacts en langage codé et paf ! Un mois après, le type a été descendu.

Je soutiens son regard sans ciller, ne sachant que penser de ces menaces. Je ne crois pas un instant qu'il soit en mesure de faire assassiner un « traître », c'était certainement possible il y a vingt ans, mais cette époque est révolue depuis longtemps. Néanmoins, il est entouré de caïds qui pourraient être tentés de lui rendre un « service ».

Je continue de noircir des pages par dizaines, des petites lignes griffonnées. Et je reviens le mois suivant. Une expérience ? Une rencontre ? Une enquête ? Je ne sais pas, mais le résultat de ces heures partagées ne s'est fait pas attendre : nous sommes devenus proches. La violence de la situation me saute au visage. Je fixe longuement ses mains, son visage, le grain de ses tempes, chaque repli de sa peau comme si la vérité allait m'apparaître là, d'un coup. C'est le même Ilich. Toujours parfaitement habillé, une veste en lin très chic, des bottines de cuir, une pochette de soie sur un veston noir. Mais inutile de se protéger par des arguties. Nous sommes désormais en quelque sorte des « partenaires ». Forcés de partager ses souvenirs. Ceux de Carlos et ceux d'Ilich. Mes carnets de parloir s'empilent. L'encre est sèche.

Avec le recul, je me dis que là se situent les signes prophétiques de son emprise sur moi. Je tente de rassembler les plus petits détails de mon fléchissement. Ces mois durant lesquels, dans mon esprit, Ilich s'est rapproché peu à peu de l'humanité. Le glissement fut vertigineux, il s'est installé dans mes pensées sans y avoir été convié et a façonné ma lucidité.

Prends soin de toi, donne-moi des nouvelles. Il veut me téléphoner en dehors des parloirs, mais hésite à demander le droit d'ajouter mon numéro sur la liste des appels autorisés : et si jamais on vérifie à nouveau mon identité et que le permis de visite m'est retiré ?

Entre les parloirs, impossible de le joindre autrement que par courrier postal. J'écris pour lui préciser mes dates de venue et j'attends la réponse. Les lettres sont lues par la direction avant d'être transmises. Tout est long. En cas de contretemps, les détenus ne sont pas informés, ils se préparent et attendent leur parloir en vain. Un jour où j'avais dû annuler ma visite, Ilich a patienté sans comprendre. Le samedi suivant, il me répète qu'il s'est inquiété, qu'il a eu peur qu'il soit arrivé quelque chose à mes enfants. Tonton Ilich. Pourtant, les autres enfants, ceux qu'il a tués, rendus infirmes ou orphelins, ceux-là ont quitté son esprit depuis longtemps. Et ne l'effleurent jamais.

Certains jours, il semble presque content de son sort. Satisfait de sa forme physique. Quel âge me donnes-tu ? Il tend son visage sous plusieurs angles, persuadé que je vais avancer un chiffre irréaliste. Même si je disais 35 ans, il trouverait cela crédible. Je sais parfaitement qu'il est né en 1949, mais pour ne pas gâcher son plaisir, dans un mélange de complaisance et de lâcheté, je fais mine de réfléchir et je propose « 55 ans ? », eh oui ! me dit-il, c'est incroyable, je fais treize ans de moins que mon âge ! Tu vois, je ne suis pas gros, j'ai un peu de ventre et du gras sous le menton, mais pas de rides. Dans ma famille, on vit jusqu'à 100 ans avec une santé de fer. Et Ilich se palpe les joues en s'émerveillant de leur texture.

Il veut que je lui trouve tous les films qui parlent de lui. Il les a déjà vus, mais ne se lasse jamais de les visionner à nouveau. Il est tellement ravi de lui-même, c'est une surprise sans cesse renouvelée.

Les mois passent, je tergiverse. J'ai contacté des sociétés de production pour un documentaire historique sur la vie de Carlos. La réponse tarde, les délais s'allongent. Je prends bien soin de ne pas trop réfléchir. Des œillères comme plaquées le long des tempes, je me mure dans cette position trouble. Mon attente est peuplée de visions de trains éventrés et de corps décapités.

Le petit monde de Poissy

Une longue plainte. La colère ne le quitte plus. Ses bras s'affaissent brutalement sur l'absurdité du monde. Les yeux tendus et brillants, Ilich déverse sa bile. Des giclées d'informations décousues : il n'a pas pu prendre de café pendant son cours de littérature. Le prof vient de Paris IV, il est homosexuel et lui non plus n'a rien pu faire pour cette histoire de café. C'est un cours de master sur Racine. Le niveau des élèves est très bas. Il avait lui-même apporté plusieurs cafetières, eh bien, elles ont toutes été volées. Il a fait un scandale, mais les surveillants se cachent. C'est la merde ici !

Il parle sans s'interrompre. La canicule. Il fait atrocement chaud. Il ne parvient plus à travailler tellement il souffre de la chaleur. C'est impossible de se concentrer. Et tout le monde regarde des films porno, le vacarme est atroce. Ces types jouent à des jeux stupides sur ordinateur, toute la journée. Quelle déchéance. Lui, il a toujours refusé d'installer des jeux sur son ordinateur. C'est une telle misère intellectuelle. Et ces dégénérés mettent la musique à fond. Il en est réduit à écouter les informations en continu. Il zappe d'une chaîne à l'autre : Al Jazeera, BFM-TV, i-Télé…

Il s'est acheté une télé grand écran à deux cents euros pour regarder des programmes en plusieurs langues, mais elle ne fonctionne pas et la Centrale n'a pas voulu le rembourser. Alors, il est obligé de louer une télé pourrie pour 8 euros par mois et il ne capte que les chaînes françaises. Rien ne va !

Sans compter que c'est ramadan. Heureusement, il ne le fait plus depuis dix ans à cause de son diabète. Il se prive juste de cigares, de charcuteries et de sucreries. Dans huit jours, c'est la quille. Il pourra à nouveau fumer, manger des gâteaux et du chorizo. Tant mieux.

Tout cela m'est présenté comme une persécution à son encontre, une manipulation dont il serait la victime. Soudain, il bifurque et entreprend de parler de sexe, ce qui lui met invariablement du baume au cœur. Des histoires dont il me rebat régulièrement les oreilles : la multitude d'avocates qu'il a culbutées. Il se souvient d'une en particulier qui était gentille, bien que sale. Il s'en est tapé plein ! Elles voulaient des informations. Mais, avec lui, rien ne marche, ni l'alcool, ni la drogue, ni les petites salopes. Il pavoise.

Chaleur étouffante. Je note, je gribouille, je noircis.

Dans le box d'à côté, des bruits de fellation. Le contreplaqué de séparation laisse entrevoir trente centimètres au-dessus du sol. Une femme a les genoux à terre, repliés contre son sac à main. Ilich s'énerve. C'est dégoûtant, lamentable, dégradant. Comment peut-on s'abaisser à ça ? Se contorsionner de la sorte ? Lui, il est très classique et conservateur. Quand il repense à toutes les femmes qu'il a eues, c'est incroyable. Des bourgeoises et des aristocrates.

Je ne réponds rien. Je ferme les yeux.

Ici, les types sont des faibles qui subissent. Ils se bercent d'images de blondes à gros seins qu'ils ne baiseront jamais. Lui ne rêvasse pas de putes refaites, il se les est tapées en vrai, à en crever étouffé de chattes par centaines !

Ilich se rengorge. Des jambes. Des sexes. Des hanches. Des femmes, des femmes, des femmes. La tête me tourne. Partout, ces bruits de sexe. Et cette odeur de haschich constante, dans les toilettes et les box. Elle me monte à la tête. Je le coupe : ça suffit cette fumée ! J'ai la nausée, je me lève.

Un détenu au regard vitreux, manifestement ivre. Des effluves d'alcool dans son sillage. Ilich le salue d'une bourrade sur l'épaule.

Je souffle : mais il est bourré ! Comment est-ce qu'il peut boire ici ? Ah, sa femme lui fait passer des fioles en plastique, ça ne sonne pas au portique de sécurité. Et encore, lui c'est rien ! Il y a tellement de types qui boivent. À Saint-Maur, certains fabriquaient leur propre alambic, il paraît que c'est simple. Il faut laisser macérer des pommes et du sucre dans le fond d'un sac-poubelle avec de la levure et de l'eau chaude. C'est très répandu.

Je me retourne, l'épouse du détenu ivre, une ancienne mannequin bulgare, promène sa beauté fatiguée le long des couloirs. Leur fils, un adolescent buté et mutique, les suit, prenant soin de marcher toujours au moins trois pas derrière eux.

Ilich répète. Lui, rien ne le fait craquer, ni l'alcool, ni les petites putes, ni la coke. Même les cachets pour dormir, il les refuse. Il ne faut jamais rien accepter, jamais, il ne faut pas prendre leurs trucs. Ici, quand tu es toxico, on te tient.

Sa colère m'atteint par saccades. À vif. L'air chaud s'étire doucement entre nous. Le parfum du sol me lève le cœur. Nos cercles incessants m'emplissent le crâne de bouillie. Les phrases semblent se perdre dans un flot, suivre le courant. Nous marchons vers l'aire de jeux. Douze pas. Et l'écœurante friction de ses doigts contre sa veste de toile rêche.

Un goût de sang au fond de ma gorge. Ou de mort. Un ballon d'enfant rebondit. Les enfants sont partout les mêmes, au parloir comme ailleurs. Des cris, des rires, des chahuts. Les voir joyeux est une libération. Un long moment, nous nous accoudons à la rambarde de l'aire de jeux et restons là, sans un mot, fascinés par leurs chamailleries. L'air se fait alors plus joyeux.

Ilich me pousse du coude en faisant le pitre : Ah, voilà Moshe ! Le « Moshe » en question s'installe sur des coussins.

Car il y a un Juif à la prison. Un vrai Juif comme à la télé ! Il est surnommé « Bibi » en référence à Netanyahou et constitue une petite attraction. Beaucoup de détenus qui n'avaient jamais vu de Juifs « en vrai » l'observent avec intérêt. La rumeur raconte que ce petit trafiquant s'est fait escroquer par son ancien associé. Ivre de fureur, il lui a tiré une balle dans la tête en pleine journée, au beau milieu de la cité. Il n'a pas été très difficile de le retrouver.

Selon Ilich, son « ami juif » est donc un brave type qui manque juste d'éducation. Heureusement, il a l'intelligence de ne pas être sioniste ou en tout cas de ne pas le dire ouvertement. Ilich se pose en défenseur-justicier : le petit Juif, c'est lui qui le protège contre les barbus qui espèrent lui faire la peau. Ce Juif est un type bien ! Vraiment sympathique ! D'ailleurs, son beau-père est venu en parloir, un rabbin loubavitch qui, lui aussi, apprécie beaucoup Ilich. Ils ont même pris des photos ensemble, il a vraiment des admirateurs partout.

Assis dans l'aire de jeux avec sa famille, « Moshe » avale les sushis que sa femme est parvenue à faire entrer en cachette.

« Moshe » : Alors Ramírez-Sánchez-le-terroriste, tu veux un café ?

Ilich : Hé, Moshe, t'as mis ta chemise de shabbat ? Allez Moshe, je te paye un café, les temps sont durs pour vous en Israël !

Et Ilich commence à tourner sur lui-même en mimant des danses religieuses juives.

« Moshe » : Jamais de la vie, je suis sûr que c'est de l'argent du Qatar !

Ilich : Allez Rabbi Jacob, je te parle pas, t'es pas cacher !

« Moshe » : Putain, c'est la première fois que je vois un terroriste avec une montre Cartier et un manteau Séraphin ! Au fait, tu sais, l'Algérien qui a été condamné pour viol dix-neuf fois, eh bien il fait aussi fort que toi, il parle sept langues !

Ilich réprime difficilement un petit sourire de mépris. Qu'on puisse le comparer avec des gens d'ici pour ses capacités intellectuelles est tellement inapproprié ! Il prend un air détaché pour expliquer que lui, il en parle huit : le français, l'anglais, le russe, l'arabe, l'italien, l'espagnol et le portugais, en ce qui concerne la huitième, il ne peut pas la citer, c'est un secret d'État, les Américains ont longtemps cherché, mais c'est confidentiel !

Puis Ilich observe les deux petites filles du couple et s'émerveille : Elle, je l'ai vue grandir. Bébé, elle était grande comme rien, elle ne bougeait presque pas... Il semble littéralement fasciné par les enfants, leurs petites figures rieuses et malléables. Sans cesse, il me demande des photos de mes filles. Il reste accoudé à la rambarde, comme happé, semble ne jamais se lasser de leurs mimiques. Le temps se suspend et c'est moi qui suis obligée de mettre fin au spectacle. Ilich finit immanquablement par dire : Ah les enfants ! avant de s'éloigner à regret.

Nous rejoignons une petite file de captifs aux aguets devant les distributeurs. Les mains se tendent pour saisir les sucreries. Devant la cage de verre, un peu à l'écart, un maton nous fait des signes.

Je ne l'ai jamais vu. La cinquantaine. Trapu. Un visage rieur. Le col de son uniforme fermé par une fine chaîne d'argent. Il boite, s'avance d'une démarche d'animal blessé avant d'échanger une accolade chaleureuse avec Ilich. Les deux hommes se caressent le ventre en mimant des manières efféminées. Le cours de la conversation reprend dans un mélange d'affection et de curiosité. Leurs rires. Leurs salutations bruyantes. Leurs expressions boursouflées.

Maton : Ah te voilà, ma petite Vénézuélienne, tu m'as manqué !

Ilich me désigne le gardien, tout fier de montrer qu'il a décidément des amis partout.

Ilich : Lui, c'est un Portugais, il est tout poilu !

Maton : Et toi, tu es ma belle Caribéenne !

Ilich : Ma parole, il y a de plus en plus d'homosexuels ici ! Madame Sophie Bonnet est une amie, elle réalise des documentaires, elle va monter une superproduction sur moi, c'est le Venezuela qui finance, vous voudrez bien témoigner ?

Maton : Ah ben, ça va marcher votre film !

Le maton me salue chaleureusement, mais son attention se détourne rapidement. Les deux compères, ravis de se retrouver, commentent les nouvelles comme si je n'étais pas là. Le mois dernier, deux détenus sont morts à cause d'une ecstasy frelatée, l'un des types est décédé dans sa cellule et l'autre en arrivant à l'hôpital. La quantité de drogue qui circule ici les exaspère. Ils l'évoquent, comme s'ils se trouvaient du même côté de la loi. Et se réconfortent mutuellement. Je ne sais lequel des deux soutient l'autre.

Pendant ses années de clandestinité, on a souvent dépeint Ilich comme un alcoolique, lui s'en défend avec vigueur. Difficile de connaître précisément la réalité de son passé, mais une chose est sûre : il est l'un des très rares détenus qui ne consomment strictement rien. Ni drogue, ni alcool. Ici, il a choisi son camp : il est du côté de la loi. Je ne l'ai jamais vu la transgresser, même pour des babioles. Il a en horreur les faibles, les losers, il les fuit. L'idée de s'associer à des pauvres types pour obtenir leurs trucs de merde le fait vomir. « Si je trahis, c'est pour cent millions de dollars, se vante-t-il souvent, pas pour un téléphone portable ou une barrette de shit. »

Abattus par l'évocation de ces essaims de toxicos minables, les deux compères se taisent un instant, comme unis par leur dégoût commun pour la lie humaine qu'ils se voient forcés de fréquenter. Ici, tous les jours se ressemblent. Les détenus s'enracinent pour l'éternité, bruyants, difformes, fous, leurs yeux exorbités, leurs bouches jamais closes.

Ilich : C'est tous des pauvres types, je ne comprends pas qu'on puisse tomber aussi bas. Le pire c'est l'après-midi, dans les douches. Le gros bordel. Tout le monde rapplique pour chercher sa dose. Les types font la queue, torse nu, avec juste une serviette, ils fument, se droguent, je n'en peux plus de ce cirque, j'ai passé l'âge de ces conneries. La plupart sont sous cachets et il y a au moins un tiers de malades mentaux. Le matin, pour l'ouverture de la pharmacie à 9 heures, il y a des dizaines de types dans la queue qui trépignent pour leurs comprimés, une file de cachetonnés. C'est lamentable. Après, ils sont calmes et tout le monde est content. Moi, je les enverrais tous à la prison de l'île de Ré !

Maton : On peut pas les mettre ensemble, ils s'entretueraient pour du Subutex. La poudre, ça leur détruit le cerveau. Il y a six mois, les médecins en ont pris un qui était devenu dément, ils l'ont mis à l'HP, il n'est jamais rentré, il ne redescendra plus. Il y a plein de types avec qui je n'ai jamais discuté plus d'une minute tellement ils sont dingues. Mais ils se procurent tout ce qu'ils veulent, qu'est-ce qu'on peut y faire ?

Je les fixe, incrédule. Ils rient de ma naïveté.

Maton : Mais Madame, il y a des gangs ici ! Et ceux qui organisent les trafics, ce sont les indics, sinon ce ne serait pas possible. Le Subutex, tu le fais rentrer très facilement, c'est chimique, ça s'écrase, ça n'a pas d'odeur.

C'est bien pire qu'à l'extérieur. Il y a plein de types qui deviennent toxicos en tôle.

(*Il se tourne vers Ilich* :) Tu sais, le Caribéen qui est au-dessus de ta cellule, il prend huit à dix Subutex par jour, en plus du crack et du haschich ! N'importe qui ferait un arrêt cardiaque, mais lui ça va, il tient le coup. Il y en a tellement qui prennent de la poudre, ça m'impressionne, ils restent perchés toute la journée, ils ne redescendent jamais. Comme ça n'a pas d'odeur, on ne peut rien faire.

Le maton déverse son impuissance dans un mélange d'effroi et de résignation. Il semble lui aussi prisonnier, condamné à fermer les yeux. Les problèmes commencent lorsque la drogue ne circule pas en quantité suffisante ou qu'elle tue des détenus. Le reste du temps, la boutique tourne.

Ilich : Allez, il faut monter le syndicat des 3 M : le Mouvement des Matons Musulmans, je vais vous soutenir !

Maton : Non, non, je reste tranquille, j'ai bientôt fini de payer mon crédit immobilier, quand mon appartement sera à moi, je serai content.

Le gardien attend donc son heure. Ses rêves de propriété imminente sous le bras, il arpente les allées mi-éteint, mi-soulagé, baisse la tête et fixe un point sur le sol lorsque la situation l'exige.

Maton : Mais toi, Carlos, tu n'as pas de problème de logement. Tu pourrais faire de la location sur Internet. Une cellule double comme la tienne, ça se loue six cents euros à Paris !

Ah, l'histoire de la cellule double ! Combien de fois l'ai-je entendue…

Toutes les cellules de la Centrale mesurent neuf mètres carrés, sauf quelques-unes, très rares, de dix-huit mètres carrés. Les détenus se battent pour les obtenir et s'inscrivent sur liste d'attente. Ilich prétend que pendant des années, il n'était même pas autorisé à figurer sur cette liste.

Puis, il y a cinq ans, l'occupant de l'une des cellules doubles a été retrouvé mort dans son lit. Accident vasculaire cérébral. Il consommait des drogues et de la créatine pour augmenter sa masse musculaire. Subitement, plus personne n'a voulu de cette cellule qui était forcément envoûtée. Elle est restée vide durant huit mois, et l'administration faisait mine de regarder ailleurs. Ilich gesticule, comme pris de fureur : J'ai gueulé « Bordel, mais donnez-la-moi ! Donnez-moi cette putain de cellule double. Et finalement, je l'ai eue ! » Il sourit, triomphant d'avoir gagné cette bataille.

C'est la meilleure tanière qu'il ait occupée en vingt-cinq ans de prison française. L'une de ses photos favorites le montre devant son garde-manger où s'empilent les provisions. Son ventre rebondi, le poing levé devant les paquets de biscottes. Une bouche affamée oubliée sur le sentier de la révolution. Tout est en ordre pour passer l'hiver.

Le surveillant se retourne vers moi en tapotant le ventre d'Ilich avec affection.

Maton (à moi) : Vous savez, lui, je le connais depuis la Santé, ça fait vingt ans !

Maton (à Ilich) : Hein Carlos ? Vous vous souvenez ? à la Santé, vos moindres faits et gestes étaient surveillés, il y avait une escorte, trois surveillants pour les déplacements, c'était tout un cirque ! Vous étiez l'ennemi public numéro 1, ça m'a marqué ! Tout ça c'est fini.

Puis aussitôt, comme pour se prémunir à l'avance contre la colère d'Ilich qui va s'offusquer d'être considéré comme un détenu lambda, il ajoute :

Maton (à moi) : Enfin bon, il n'est pas non plus traité comme tout le monde, on vérifie tout ce qu'il reçoit, on regarde ses disques durs régulièrement.

Maton (à Ilich) : Et votre idéologie, vous l'avez gardée ?

Ilich : Ah oui, je suis communiste révolutionnaire ! Je suis fidèle, il n'y a aucun traître dans ma famille.

Maton : Et les gens que vous avez tués, s'ils revenaient à la vie devant vous, vous referiez pareil ?

Ilich : J'ai passé l'âge, maintenant je vais rentrer au Venezuela et nettoyer le pays, il y a de la vermine à faire disparaître là-bas, vous savez !

Maton : Ah bon ?

Les victimes ! Quel besoin de parler des victimes ? Ilich, qui a flairé le sujet pénible, botte en touche et met fin à la conversation. D'un regard, il cherche un nouvel interlocuteur pour se sortir de là. Justement, voilà le Portugais qui passe à sa portée. Un sourire et l'affaire est jouée. Ravi, le Portugais nous ouvre les bras comme s'il s'apprêtait à nous embrasser. « Ah mon Carlos ! »

Comme tous les pointeurs, le Portugais a peu de contacts et semble avide de conversation. Récidiviste, il a été condamné pour viol sur mineurs. Mais selon Ilich, il n'est pas responsable. C'est un brave garçon qui a des pulsions et n'a pas pu se retenir !

Le Portugais se montre affable et porte beau, toujours accompagné de son épouse, une blonde douce et effacée, au brushing impeccable. Aussitôt, il nous donne des nouvelles de son mémoire de littérature. Il est l'un des rares à avoir entrepris des études en prison ; le brevet des collèges, le bac et désormais un master sur Kafka. Puis, invariablement, la conversation dévie sur ses crises d'angoisse. Perpétuellement anxieux, sur ses gardes, il s'inquiète de sa tension très élevée, la situation ici le fera mourir : des bagarres éclatent sans arrêt, des détenus sont passés à tabac et personne ne bouge ! Il y a dix ans, des types ont mis le feu à des cellules et pris possession de la Centrale pendant quatre heures. Depuis, il y pense constamment, persuadé d'être condamné à mourir sous les coups de la foule. L'œil aux aguets, il surveille, cherche les matons d'un mouvement de tête craintif. Soucieux de rester sous leur protection comme une bête aux abois.

Récemment, lors d'une échauffourée, il a cru sa dernière heure venue. Les nuits sont particulièrement horribles. Les surveillants effectuent une ronde toutes les deux heures et le reste du temps, il ne peut appeler personne, il n'y a pas d'hygiaphone, aucun moyen de joindre l'extérieur. S'il se passe quelque chose ou s'il fait une crise cardiaque, personne ne le saura, il en est épouvanté, il ne pense qu'à ça. Tous les soirs, il se couche persuadé de mourir de cette manière.

Il est suintant d'angoisse lorsque nous le quittons.

« *Fin des parloirs. Fin des parloirs.* »

Je suis poussée vers la sortie avec le flot des visiteurs. Les matons entament la fouille de la salle et des détenus.

Nous, les familles, patientons enfermées dans une pièce de 15 mètres carrés. Une mère crie sur sa petite fille « Aissa ! Aissa ! » La gamine court dans tous les sens, tire sur les poignées de portes, tape contre les fenêtres, frotte son blouson « Spider-Man » sur les murs jaunis. Deux garçons discutent :

— On va jouer ?

— Alors, tout ce que tu voles, tu me le donnes et je le revends, d'accord ?

La mère de l'un d'eux s'en amuse : « Ah ben voilà, ils sont associés ! »

Nous restons bloqués sans explications, au milieu des cris d'enfants. Des femmes s'impatientent : qu'est-ce qu'ils foutent ? Finalement, le fautif est un paquet de bonbons oublié, dans lequel il a fallu vérifier l'absence de drogue. Nous sortons enfin avant de nous arrêter à nouveau près des casiers pour récupérer nos pièces d'identité.

Dans la file, un vieux gitan m'interroge :

— Le monsieur que vous êtes venue voir, c'est votre père ?

— Non, non.

— L'année dernière, on a vu un reportage sur lui à la télé aux informations, avant on savait pas qui c'était, il va sortir un jour, vous croyez ?

— Je ne crois pas.

— Ah ben quand même, passer toute sa vie en prison, il faut le faire !

Je lui souris.

Les matons ne semblent pas pressés et le ton monte. Une femme fait un scandale : Je vais rater mon train, ils ont perdu mon livret de famille. Ils vont me faire planter mon train, ces connards !

Une autre surenchérit : Ils sont bons en rien et mauvais en tout.

Je finis par récupérer mes papiers et repars en direction du RER, laissant la foule mécontente enfler derrière moi. Je retrouve l'air libre, mon estomac se dénoue. Mes pensées reprennent leur cours normal.

Caracas

Le maton m'ouvre la porte et lorsque je pénètre dans l'appartement, la clarté me saisit. Ilich, assis sur le canapé du salon, ne lève pas la tête à mon arrivée et me parle, tout entier concentré sur ses bottines.

Sa chaussure droite ne ferme plus, la languette métallique de la fermeture Éclair s'est brisée. Des bottines de luxe, achetées à Milan ! Tu as vu la qualité du cuir ? Je regarde. Effectivement, des bottines de bonne facture Made in Italy.

Durant plusieurs minutes, il demeure ainsi, courbé, et tente de réparer le mécanisme. Le fermoir a été cassé pendant la fouille, c'est ce connard de gardien ! Finalement, Ilich abandonne. Ce n'est pas récupérable. Je dois promettre d'essayer de trouver des languettes neuves.

Régulièrement, nous nous retrouvons dans un appartement à l'intérieur de la prison. Après deux ans de visites mensuelles, nous avons obtenu une autorisation pour ces UVF. Unité de vie familiale. Un logement propre et confortable : deux chambres, une salle à manger, une télévision, un lecteur de DVD, des chaises bébés, des transats, du matériel de cuisine, un petit carré de pelouse avec des pâquerettes. Le minuscule jardin est entouré de murs et le ciel est grillagé. Les familles peuvent y rester trois jours, pour nous la durée est limitée à six heures. Nous écoutons de la musique, Ilich fume le cigare et surtout, nous cuisinons.

Jamais je ne l'ai vu plus heureux qu'au milieu de ces montagnes de nourritures grasses et bon marché. Cette profusion d'aliments sucrés et de viande rouge le plonge dans une sorte d'extase.

À chaque fois, le rituel est identique. En arrivant, il dépose deux pleins sacs de nourriture sur la table avant de prendre possession de l'appartement grâce aux nombreux objets personnels qu'il a rapportés de sa cellule. Il plie, déplie, puis replie ses torchons, les répartit dans toutes les pièces avec des serviettes et des savonnettes et gare à moi si je confonds un essuie-tout avec une serviette. Ensuite, il faut laver soigneusement la vaisselle que nous allons utiliser. Toute la vaisselle sans exception car on ne sait pas qui l'a utilisée avant nous et ici, c'est plein de gens dégueulasses.

Cette première inspection terminée, nous passons aux choses sérieuses. Les visiteurs ne sont pas autorisés à faire entrer de la nourriture, c'est donc Ilich qui a tout commandé des semaines à l'avance, sur une liste spéciale réservée aux UVF. Il sort précautionneusement les aliments du sac et me commente en détail chaque boîte ou paquet. Il attaque toujours avec un sachet de parmesan. Triomphal. Car ce parmesan réservé aux UVF est vraiment particulier !

Le parmesan de la prison, lui, est dégoûtant et moisit en deux jours dès que le sachet est ouvert. Il n'y a rien à faire contre cela, pas même s'imaginer qu'il s'agit d'un complot ou d'une persécution personnelle, c'est juste minable. Le destin des détenus est de se contenter de parmesan moisi. Mais celui de l'UVF est délicieux et se conserve sans aucun problème. Désormais, Ilich manigance pour rapporter le précieux fromage râpé en cellule. À la fin de la journée, il montre docilement le paquet aux matons et négocie avec âpreté l'autorisation de l'emporter.

Ainsi va la vie. On embrasse une existence d'aventurier qui court le monde, laissant des cadavres fumants derrière soi, et on finit en quémandant un sachet de fromage râpé. Ici, la soumission est la clé de tout.

Je le regarde faire chauffer de l'eau. C'est si simple en réalité. Il suffit d'accepter. Malgré tout ce qui a pu se passer, Ilich s'est résolu à plier ses torchons en huit et monter des stratagèmes miteux. Les minutes passent et l'eau chaude s'enfuit dans la rigole de l'évier. Les plis qui barrent son front se creusent. Le café est prêt. L'air humide s'épaissit entre nous. Le goût amer du liquide noir me mord la langue.

C'est dans ces appartements que je mesure encore davantage à quel point l'homme qu'il fut a été enseveli.

Reste juste cette volonté intacte et stérile de tout contrôler. De tout diriger. Et ce plaisir immédiat de se remplir la panse. Tout ce qui garde le goût du sexe, du vin, d'une pitance grasse et joyeuse occupe la première place. Un jouisseur qui claque la langue.

Nous ne restons que six heures, pourtant il y a là des monceaux de nourriture et le réfrigérateur étale les plis de son ventre gonflé : des chips, des frites, du surimi, du fromage, du jambon de Parme, des sodas, des bouteilles d'eau pétillante, des glaces, des bonbons, des tablettes de chocolat, du rosbif, du café, des sachets de thé, des poires, des olives, de l'huile, etc.

Il rapporte toujours quelque chose pour mes enfants : des babioles, des chocolats ou des pâtes de fruits offertes par les dames du club qui œuvrent à la prison. C'est pour les petites. Embrasse-les pour moi.

Un CD du Buena Vista Social Club tourne en boucle. Toujours le même. Les vieux musiciens cubains décédés nous jouent à l'infini des morceaux identiques. Sans relâche, Ilich insiste pour que je danse avec lui, j'esquisse quelques pas puis je me rassois. Je lui explique que je ne sais pas danser, ce qui le trouble profondément : quel genre d'éducation ai-je donc reçu pour ne pas savoir danser ?

Cette musique le plonge dans une nostalgie infinie. Les samedis soir, ses parents donnaient une fête, de l'alcool à volonté pour tous les voisins. Sa mère achetait des petits « trucs » à manger. Le paradis perdu de son enfance où tout était possible. Encore aujourd'hui, reste figé sur sa langue l'arôme gras et doux du sein maternel et de ces années adorées. Un îlot feutré de soirées et de cocktails remplis d'invités parfaitement éduqués. Ainsi tournait le monde du petit Ilich qui rêvait d'aventures et de révolution.

L'enfance est un territoire fermé, régi par ses propres lois. Les années qui passent distribuent ensuite quelques gifles légères. Allongé sur le canapé, Ilich fume un cigare, les yeux rivés au plafond, souffle en regardant les volutes s'arrondir. Je ne peux plus l'arrêter. Il me ressasse à l'infini les souvenirs de ce monde parfait disparu. Il porte sa légende sur ses épaules, petit animal avide et affamé qu'il faut sans arrêt nourrir et soigner.

Dans le monde merveilleux d'Ilich, son père, un grand bourgeois de Caracas, affiche son amour de la révolution bolchevique. Cet avocat intransigeant façonne le cerveau de ses trois fils qu'il prénomme Ilich, Lénine et Vladimir, en l'honneur du communiste russe. Sa poigne de fer contrôle strictement leurs sorties, leurs lectures, leurs emplois du temps, leurs fréquentations. Ils seront de parfaits petits marxistes-léninistes pour faire plaisir à papa. Lui-même se garde bien de mettre ses idées en pratique et court les femmes légères et les cocktails mondains.

Chez les Ramírez Sánchez, la révolution fait son œuvre. C'est une affaire entendue : le petit Ilich sera un héros contestataire qui rétablira la justice. En attendant le Grand Soir, les trois frères vivent dans l'opulence et fréquentent de dispendieuses écoles privées.

Un jour, j'évoquai devant Ilich l'incohérence d'un homme politique de gauche, ministre du gouvernement Hollande, qui avait inscrit ses enfants dans une luxueuse école privée parisienne. Il trouva mon indignation stupide. Où était le problème ? Son père, bien que communiste convaincu, avait fait éduquer ses fils dans des écoles du meilleur standing. C'est logique. Les riches vivent comme des riches, c'est ainsi que tourne le monde. Si son père avait agi de la sorte, alors ce n'était même pas discutable.

Voici donc la famille Ramírez Sánchez : le père, la mère et les trois fils. Un univers clos au sein duquel il pourrait demeurer un siècle, faisant rouler ses souvenirs sous sa langue. Il est sûr d'avoir accompli des choses prodigieuses : il a sauvé la Palestine, il a combattu loyalement, il est un héros dans tout le monde arabe, les femmes se battaient pour finir dans son lit. Il est pourtant resté ce petit garçon au double visage qui veut faire plaisir à son père, révolutionnaire en robe de chambre. Cet enfant-là n'a jamais disparu. Quoi qu'il fasse, il poursuit sa route sous la protection parentale. La révolution devenue un songe creux pour aventurier sans cervelle.

Toute sa vie, Ilich restera tiraillé entre ces deux nécessités : dépasser son père en prenant les armes, mais aussi retrouver cette douceur matérielle, l'argent qui coule à flots, la nourriture raffinée et une existence de nanti.

La mythologie familiale est la clé de tout. La lutte des classes de son enfance se vivait comme au cinéma : rien n'est réel et personne ne meurt à la fin. Si on lui demande, qu'as-tu fait toutes ces années ? Il répond : la révolution, la lutte, la guerre ! Puis il se perd en conjectures improbables : J'ai tout sacrifié pour la cause. Ah, si je n'avais pas été révolutionnaire, je verrais mes enfants ! C'est la révolution qui m'a empêché d'avoir une vie belle et douce. La révolution m'a tout pris, si les gens savaient le prix que j'ai dû payer. On dit toujours « les terroristes, les terroristes ! », mais personne ne supporterait un dixième de ce que nous sacrifions.

Il devient une bouche sombre par laquelle débordent des histoires d'argent, de pouvoir, de plantations de café verdoyantes et de villas blanches en plein cœur de Caracas. Lui. Lui. Lui. Il s'émerveille qu'au sein de sa famille, tout le monde soit riche et célèbre. Une lignée féodale puissante qui aurait pu lui procurer une situation très confortable. Il précise avec orgueil avoir refusé cette facilité, sûr que l'on mesure l'étendue de son sacrifice. En 1899, son arrière-grand-père s'est emparé du pouvoir à Caracas. Et du côté de son père, ils possédaient les plus vastes plantations de café du Venezuela. Ses ancêtres sont des conquistadors, des Wisigoths en provenance d'Espagne. D'ailleurs, enfant, il était pâle de visage et blond. Par la suite, il y a eu des mélanges, l'un de ses frères a même trouvé des Ramírez juifs. Putain, il était dégoûté !

L'appartement UVF au plafond aggloméré et au linoléum jaune se transforme peu à peu en royaume des Ramírez Sánchez. Ilich y règne d'un pouvoir sans partage. Ses lèvres remuent étrangement. C'est la langue de l'enfance, violente et forte, qui reprend le pouvoir. Nous respirons l'odeur claire de Caracas. La lumière laiteuse et plissée de Caracas.

Son visage d'enfant est réapparu. Pour le petit Ilich, la postérité s'avance, conquérante. L'air pur des rêves n'a jamais tué personne, tout n'est que triomphe et victoires à venir. Nulle chute ne s'annonce. Dans ses rêveries, le héros ne finit pas tapi dans l'ombre de Poissy, des Snickers plein les poches, mais meurt au champ d'honneur en pleine gloire, acclamé par la foule. Des filles, de l'or et des pistolets. Ses hallucinations lui décapent les os, lui dessillent les yeux. Ses héros boursouflés de mauvais orgueil prennent vie. Son père est là, vivant, à côté de nous. Pour la millième fois, Ilich me raconte l'histoire du Dr Bodell. J'ai entendu cet épisode si souvent que je peux retrouver l'inflexion exacte de sa voix.

À l'âge de 18 mois, Ilich est envoyé avec sa mère dans une petite ferme isolée, sans aucun confort, loin de Caracas. Cette expédition est en réalité une diversion imaginée par son père qui veut cacher l'un de ses clients : le Dr Bodell, ancien nazi, médecin dans un camp de concentration, a fui l'Allemagne avec son garde du corps oustachi.

Ilich, sa mère et le nazi vivent de longs mois planqués dans cette masure accessible par un unique chemin de terre. Une seule visite par semaine. Le père vient sans chauffeur, pour ne pas être repéré. La mère, enceinte de Lénine et épuisée, ne quitte pas le lit. Ilich, qui joue sans surveillance devant la maison, se blesse dans la saleté. La plaie s'infecte. Quand le père arrive enfin, l'enfant est mourant. Ils prennent la route pour un dispensaire où une dose massive de pénicilline sauve Ilich de justesse.

Après la naissance de Lénine, le père conduit le Dr Bodell et son garde oustachi en Colombie en les cachant dans sa voiture. Il leur propose de l'argent que le nazi refuse. Quelque temps plus tard, ils seront finalement arrêtés en Équateur.

Cette histoire fut une source de conflit sans fin entre les parents Ramírez. Jusqu'à sa mort, la mère d'Ilich reprocha à son mari d'avoir fait passer la vie du nazi avant la leur. Incapable d'expliquer son geste, le père se contentera toujours de hausser les épaules.

Ce communiste convaincu trouvait grisant de brouiller les lignes en protégeant des SS. Ce drôle de révolutionnaire préférait mettre en danger sa famille plutôt que lui-même. Ilich, lui, sera longtemps aidé et financé par des nazis et restera prisonnier de cette mythologie familiale folle.

Et il souffle : Je voulais faire la guerre, vivre des aventures. Mon père n'était qu'un organisateur, moi je suis un flingueur. Je voulais une existence hors du commun. Je voulais être Che Guevara.

Il a pris son premier otage à 15 ans, en 1965. Un petit curé catalan, franquiste en soutane, il lui a fait peur, « venez mon père ! », et l'a attrapé. Avec ses camarades, ils ont poussé le prêtre devant eux, les mains dans le dos. Puis, alors que la police politique arrivait avec des mitraillettes, Ilich a chassé violemment le curé terrorisé : « Allez, va prier ton dieu ! »

Une jeunesse dorée. Lui, à 16 ans, il dirigeait déjà les jeunesses communistes à Caracas. Il se trouvait à la tête de cent cinquante personnes, tu peux imaginer ça, cent cinquante personnes ? Et tout le monde le respectait. Les vieux flics qui connaissaient sa famille le saluaient dans la rue !

À l'époque, le parti communiste est interdit et les heurts avec la police se multiplient. Le père Ramírez prend peur, tout étonné que la révolution puisse faire couler le sang. Son fils est sommé de mettre fin à ces échauffourées stupides.

Il expédie la famille à Londres sous la surveillance de la mère. Les garçons poursuivent leur scolarité dans de prestigieuses universités tandis que l'élégante Doña Elba court les cocktails mondains, les baisemains délicats et les galeries d'art aux œuvres chères et exquises.

À 17 ans, Ilich quitte sa terre natale et ne la reverra jamais. Ses années d'enfance sont devenues un territoire intouchable et féerique. Et l'écho de son rire carnassier persiste : aujourd'hui encore, lui reste cet espoir fou, démesuré, d'être attendu comme un sauveur au Venezuela et d'y prendre le pouvoir.

En 1999, lorsque Hugo Chávez est élu président, Ilich entreprend immédiatement des démarches pour s'inscrire sur les listes électorales. Il se voit déjà élu député. Et ce sera, il n'en doute pas, la première étape vers son ascension à la tête de l'État.

Mais son rêve se brise là. L'inscription sur les listes électorales ne sera jamais validée. C'est, m'assure-t-il, parce que le pays regorge de jaloux qui craignent son retour à Caracas. En haut lieu, on ferait pression pour le laisser croupir en France. Le Venezuela mettrait dans la balance des milliards de dollars de contrats. Des commissions sur des achats d'armes. On craindrait son retour. Combien de fois m'a-t-il raconté qu'il y a trente-cinq ans, alors qu'il vivait encore dans la clandestinité, on était venu lui demander ce qu'il convenait de faire avec les trotskistes qui s'infiltraient à Caracas. Il n'a pas voulu les faire éliminer. Il aurait dû. C'est la grande erreur de sa vie. Les gauchistes, sauf exception, c'est de la merde ! Aujourd'hui, ce sont eux qui pourrissent le Venezuela.

Dès qu'il sera rentré dans son pays, il éliminera plus de mille personnes en quelques jours avec l'appui du peuple. Il a déjà dressé une liste. Tout va rentrer dans l'ordre. Quand il était petit, chaque matin, le lait, le pain et le journal étaient déposés devant les portes et personne ne les volait, ça a bien changé. Il va remettre le pays sur les rails. Les gens l'attendent. La nuit noire et âcre de Caracas s'étire doucement au-dessus de la table de la cuisine. Il me semble voir une bouteille de lait posée miraculeusement sur le rebord de la margelle piteuse de notre porte vitrée.

Nous sommes arrivés depuis quatre heures environ lorsque des gardiens se présentent à la porte, portant un carton rempli de nourriture : des dattes, des pistaches, des sodas, des crêpes… Ilich s'offusque, il n'a jamais rien commandé, ce n'est pas lui. Le maton insiste en lui présentant la liste des aliments. Ilich n'a rien à voir avec cette boîte de courses, il en est sûr, c'est une grossière manipulation de l'administration pour lui nuire. « Une manipulation grossière », voilà, l'expression est lancée ! Quelqu'un aurait manigancé ce plan machiavélique, effectuer une fausse commande de pistaches, dans le seul but de lui nuire. La machine paranoïaque se met en marche. C'est un petit jeu psychologique, répète-t-il à l'envi.

Le gardien se propose alors d'aller vérifier le bon de commande. Quand il revient trente minutes plus tard avec la commande originale, force est de constater que la signature d'Ilich s'y trouve bien. Il a acheté tout cela il y a deux mois et l'a oublié. Personne n'a imité sa signature, le complot retombe comme un soufflé. Le syndicat des pistachiers en colère s'éclipse discrètement.

Ilich ne semble pas s'en émouvoir. Oubliant à l'instant ses accusations, il offre au surveillant de partager un café avec nous. Il vient des Caraïbes, comme moi, me dit-il en désignant l'écusson sur son uniforme. Et le maton sourit à l'évocation de ce paradis perdu, comme si une invisible fraternité existait bien entre eux.

L'homme a à peine tourné les talons qu'une voix forte résonne à l'intérieur de l'appartement : « Ramírez Sánchez ! »

Nous nous regardons, interloqués.

— Ramírez Sánchez ! Vous êtes là ?

— Oui je suis là, répond Ilich à la voix invisible.

— On va venir vous apporter du pain !

Le son provient d'un boîtier inséré dans le mur. Nous nous précipitons pour l'examiner. Ilich est furieux : ils nous écoutent. Ils écoutent tout ce qu'on dit !

Un nouveau gardien entre quelques minutes plus tard, une baguette de pain à la main. Ilich le prend à partie immédiatement : nous sommes sur écoute, c'est inimaginable ! L'homme hausse les épaules en marmonnant « n'importe quoi ». Visiblement impressionné par la quantité de nourriture sur la table, il nous signifie qu'à 15 heures précises, nous devrons avoir fait disparaître tous les restes.

Il est interdit de rapporter de la nourriture en cellule, c'est donc moi qui, à chaque fin d'UVF, récupère les sacs emplis à ras bord de glaces, surimis, sodas, chocolats, barres sucrées, pâtes de fruits, rôti entamé, chips…

Et les bras ainsi chargés, je rejoins la gare après une journée passée à Caracas.

Ilich et moi - acte 2

Lors de mes tout premiers parloirs, j'avais demandé à Ilich s'il était fier de ses actions. En ce temps-là, il répondait en pavoisant : Personne ne sait rien sur moi. 80 % de mes actes ne sont pas connus ! Les attentats dont on m'accuse, les procès ont été bidonnés. Je suis condamné sans preuves.

Depuis vingt-cinq ans, son discours officiel est parfaitement rodé : mis à part l'attaque de l'OPEP et les meurtres de la rue Toullier, il ne reconnaît rien et se présente comme innocent de tous les attentats qui lui sont imputés. Devant la justice, il s'érige en révolutionnaire aux multiples actions, sans préciser lesquelles.

Ilich serait donc injustement stigmatisé, ses mystérieuses attaques n'étant connues que de lui seul. Et de quelques disciples jugés suffisamment dignes de confiance pour tout leur déballer.

Le journaliste syrien en exil Assem Al Joundi rencontre Ilich à Bagdad en 1976. Les deux hommes se fréquentent très régulièrement jusqu'à devenir amis.

Al Joundi prend des notes durant leurs rencontres. Un petit scribouillard désargenté et inoffensif qui vivote misérablement et dont Ilich se gausse : Al Joundi roule dans une pauvre Volkswagen de merde, alors que lui conduit une Volvo magnifique. Régulièrement, les deux compères s'approvisionnent en whisky et charcuterie pour partager de longues soirées alcoolisées. Ils boivent, courent les filles et Ilich s'épanche en détails sur ses nombreux faits d'armes. Lui, l'aventurier insaisissable, se flatte de l'admiration du petit journaliste sans le sou. En 1979, Al Joundi publie un long portrait : le Chacal, présenté comme un dandy jet-setter, raconte plusieurs attentats.

Ilich est fou de rage. À l'époque, il commence tout juste à travailler pour le gouvernement syrien. Cet article, publié dans un journal antisyrien par un journaliste ennemi du régime, l'humilie devant ses nouveaux clients. Six mois plus tard, Al Joundi se prend une balle dans la nuque. Laissé pour mort dans une rue de Beyrouth, au milieu d'une mare de sang. Transporté d'urgence en France dans un avion affrété par Arafat, il survivra miraculeusement malgré de nombreuses séquelles.

L'affaire ne sera jamais jugée et jusqu'à sa mort, en 2002, Al Joundi prendra bien garde de ne pas prononcer un seul mot contre son ancien ami.

Ilich a toujours prétendu n'être pour rien dans cette tentative d'assassinat. Aujourd'hui, il ricane :

Al Joundi s'était cru autorisé, en fait il ne l'était pas. Il avait la permission de publier un article seulement à sa gloire et qui serve ses intérêts. Mais ce chien l'a rabaissé.

Le journaliste se prendra une balle dans la tête en guise de correction. D'un geste triomphal, Ilich mime la détente qui fut pressée contre la nuque du bavard. Et voilà comment cet imbécile a fermé sa bouche.

Car putain, Al Joundi l'a fait passer pour un lèche-cul du gouvernement irakien, pour une merde. C'est pour ça qu'il a tout de suite voulu le flinguer. C'est impossible de dire des choses comme ça. Lui et ses associés, ils étaient obligés de le tuer, ils n'avaient pas le choix. Vraiment pas le choix. Le Libanais qui a été chargé de le buter lui a logé une balle dans la nuque. Une seule balle ! C'est bizarre, non ? L'index posé sur les lèvres, Ilich fait alors mine de s'interroger d'un air ingénu. Eh bien c'est parce que le tueur a estimé qu'Al Joundi ne méritait pas que l'on gaspille trois balles !

Et il sourit, satisfait, la justice a été rendue. Al Joundi a rejoint les corps ensanglantés, misérables petits tas d'os qui suivent sa trace. Tous ces morts qui ont permis que l'honneur d'Ilich reste sauf. Malheur à celui qui ose l'humilier.

L'avertissement vaut pour moi également.

Au fil des parloirs, les menaces directes à mon égard disparaîtront peu à peu, mais pas un instant, je n'oublierai la vengeance contre Assem Al Joundi. Son ombre tragique continuera de planer au-dessus de ma tête.

Après deux ans de parloirs, Ilich a dû me juger aussi inoffensive qu'Al Joundi à ses débuts. Et le masque est tombé. Ses aveux sont venus peu à peu, comme par réflexe. Lui qui dépense tant d'énergie à nier devant les cours d'assises a finalement baissé la garde. Il ne peut s'empêcher de se vanter, de fanfaronner, de revivre ses faits d'armes. Comme s'il trouvait insupportable que je ne le reconnaisse pas à sa juste valeur, que je puisse avoir un doute : mais oui, bien sûr, c'est moi qui l'ai fait !

Il avoue puis se tait et m'observe du coin de l'œil. Je ne réponds rien. À peine un raclement de pied sur le sol. Il y voit sans doute la preuve de mon approbation silencieuse et de mon mutisme futur. La vérité est patiente. Ilich est vieux et seul. Pas un instant, il n'imagine que je puisse le dénoncer et lui nuire. Il m'a recrutée. J'appartiens au groupe de ceux qui défendent ses intérêts. Les enfants courent en tous sens le long de l'aire de jeux et je regarde ailleurs.

Le premier aveu fut celui de l'attentat du Drugstore : Oui, c'est lui qui a lancé la grenade. Évidemment que c'est lui !

Ce samedi-là, je quitte Poissy sonnée, incapable de savoir ce qu'il convient de faire. Que vaut un aveu recopié sur une page de carnet, sans aucun témoin ? Pas grand-chose. Sans doute le sait-il, alors, pendant les parloirs suivants, il persiste : Oui, c'est lui qui a préparé les attaques à la roquette de l'aéroport d'Orly. Oui, c'est lui qui a tenté d'assassiner le vieux Joseph Sieff, le patron de Marks & Spencer. Oui, il a commandé les attentats du train Capitole, de la rue Marbeuf et de la gare Saint-Charles.

Dans ses récits, les crimes restent irréels, les cadavres décomposés, lointains. Des spectres au bout d'un gibet. Parfois il s'enhardit, donne quelques détails, comme s'il ne pouvait résister. Ainsi en 1974 à Paris, pour les attentats devant les locaux de l'ORTF et des trois journaux « sionistes » *L'Arche*, *Minute* et *L'Aurore*. Oui, c'est lui qui a fabriqué les bombes. Il n'avait pas un sou, il a bricolé comme il a pu dans un appartement. La bombe de l'ORTF ne fonctionnait pas très bien, d'ailleurs elle n'a pas explosé, mais il n'avait pas d'argent ! Lui, il voulait buter ces gens directement et ne pas s'emmerder avec ces bombes. Il disait à ses camarades : C'est quoi ces conneries ? Pourquoi on se fait chier ? Le directeur de *Minute* sortait son chien tous les jours à minuit, ils auraient pu le descendre dans la rue, c'était quand même pas difficile !

Les aveux glissent de sa bouche. Il revigore ses souvenirs et délie sa langue. Cette petite affaire est réglée en quelques parloirs.

Il est sûr d'avoir acheté mon silence. Ces confessions ne changeront rien pour lui. Ces affaires portent sa trace depuis longtemps. La plupart sont des attentats prescrits ou pour lesquels il a déjà été condamné. C'est entre nous. Juste entre nous. Des secrets qui ne quitteront pas le box. Le cri d'agonie des premiers hommes dont il brisa la nuque. Les yeux à demi éteints des cadavres. Je lui appartiens. J'ai donné des gages. Et Al Joundi a failli en crever, alors j'aurai sans doute l'intelligence de me tenir à carreau.

Sur d'autres actions, il se garde bien d'ouvrir la bouche. Comme pour l'attentat du restaurant Le Grand Véfour à Paris, le 23 décembre 1983. L'explosion d'une bombe qui blessa grièvement douze personnes. Jusqu'à aujourd'hui, l'attaque est demeurée un mystère. Pourtant, quatre mois avant l'attaque, Johannes Weinrich, son lieutenant, précise dans une lettre qu'une fille de leur groupe, une certaine Lucia, va effectuer des repérages dans un restaurant parisien. Lorsque je le questionne, Ilich reste évasif. Comme toujours, lorsqu'il ne souhaite pas répondre, il me noie sous des flots d'informations sans rapport avec le sujet, mais sa posture physique et ses tournures de phrases parlent pour lui. Je connais désormais suffisamment ses manières pour voir qu'il me cache la vérité. L'affaire est prescrite, mais sans doute veut-il pouvoir continuer à proclamer que « 80 % de ce qu'il a fait n'est pas connu »… Et demeurer jusqu'au bout le seul à pouvoir écrire son histoire. Il veut bien être accusé, mais c'est lui qui doit décider de quoi.

À l'entendre, ses attentats furent tous des représailles contre les intérêts sionistes. Il a agi par obligation. Il s'est sacrifié pour la cause. Et il se plaint. Pour un peu, il faudrait lui reconnaître du mérite. Car cela n'a pas été simple, il devait obéir aux ordres de chefs incompétents. Et il en a supporté. Je n'ai pas idée de tout ce qu'il a dû supporter comme conneries. C'est pour ça qu'il a quitté le FPLP, il était enfin tranquille, on ne l'emmerdait plus, il coupait les têtes comme il voulait. Il passait partout, il était le meilleur. S'il fallait tuer les gens, il le faisait et ça ne l'empêchait pas de dormir !

Ilich dessine une ligne horizontale rapide et brutale le long de sa gorge. Un sourire carnassier.

Je reste là, incapable de réaction. Ses aveux figés dans mes carnets. Il ne sera pas tenable longtemps de garder le silence. Je vais devoir le balancer. Le temps de l'inconscience s'arrête net.

Un monde parfait

« Un mariage homosexuel quelque peu insolite a eu lieu mercredi à la Centrale de Poissy, dans les Yvelines. Alfredo Stranieri, 56 ans, et Germain Gaiffe, 45 ans, se sont dit "oui". Le couple de détenus avait choisi deux témoins surprenants pour célébrer leur amour : le terroriste international Carlos, détenu à la Centrale, et l'humoriste controversé Dieudonné.

Le trublion s'était déguisé en robe de mariée, qu'un gardien lui a finalement demandé de retirer pour la cérémonie.

"C'est l'amour qui s'est exprimé", a commenté Dieudonné à la sortie de la prison. Selon lui, les deux tourtereaux envisageraient d'adopter un codétenu. La cérémonie a été célébrée en fin de matinée par le maire socialiste de Poissy Frédérik Bernard.

Alfredo Stranieri, surnommé "le tueur aux petites annonces", a été condamné en 2003 à la prison à perpétuité, assortie d'une période de sûreté de vingt-deux ans, pour le meurtre de quatre personnes. Germain Gaiffe, 45 ans, a quant à lui été condamné en 2003 à trente ans de réclusion criminelle, pour l'assassinat en 1997 d'un homme dont le corps avait été retrouvé découpé en morceaux. En 2010, ils avaient envoyé deux lettres à Rachida Dati pour revendiquer la paternité de la fille de l'ex-garde des Sceaux, Zohra. Une mauvaise blague qui leur a valu quatre mois supplémentaires de prison ferme pour outrage.

En février dernier, Dieudonné avait déclaré en marge d'une représentation à Alger que le projet de loi sur le mariage pour tous était un "projet sioniste qui vise à diviser les gens". Ce qui ne l'a pas empêché d'être présent à la cérémonie de mercredi. » (Le Figaro – 18/07/2013)

Lors de mes premières visites, ce mariage homosexuel à Poissy est encore tout récent. La cérémonie me semble parfaitement étrange, mais Ilich tient à me rassurer : les deux détenus ne sont pas pédés. Quant à lui, il n'est pas réellement homophobe, il s'agissait juste d'une bonne blague !

Avec Dieudonné, qui est un type bien, très gentil, un vrai clown, ils ont imaginé ce scénario pour ridiculiser l'administration infiltrée par le lobby gay et démontrer ainsi la stupidité de cette loi. Il ne fait aucun doute que cette mascarade a fonctionné et que le gouvernement français s'est retrouvé humilié dans le monde entier.

À l'entendre, cette union a provoqué un vrai raffut au Venezuela, on a proclamé dans tout le pays : « Carlos est devenu pédé ! » Ses frères lui ont conseillé de temporiser : « Laisse parler pendant quinze jours et si la rumeur persiste, nous rédigerons un communiqué pour rétablir la vérité. » Finalement, la population a bien compris que c'était des conneries. Personne n'est homosexuel dans cette affaire, il s'agit d'un malentendu. Tout va donc pour le mieux dans le meilleur des mondes.

Bien sûr, le parfum capiteux des homosexuels continue de flotter dans l'air. Partout. Tout le temps. Alors Ilich reste sur ses gardes. Cette obsession donne lieu à des insinuations et des plaisanteries incessantes et grasses. Une faiblesse légère, souvent insoupçonnée, qu'il s'agit de débusquer.

Et les noms sur sa liste se multiplient. Il est sûr de son fait : De Villepin est homosexuel, c'est pour cette raison que sa femme l'a quitté. Le juge Bruguière est homosexuel, il y a d'ailleurs des photos de lui nu dans une boîte gay qui circulent. Dominique Perben est homosexuel et pervers en plus ! On le tient. Car bien sûr, il y a pire encore que les homosexuels, ce sont les homosexuels pervers.

La traque est perpétuelle. Le moindre indice, le moindre sourire trouble ou intrigant est soigneusement interprété. Tout ce qui tend à évoquer l'homosexualité fait l'objet d'une observation minutieuse. Les prises de parole de Macron sont ainsi passées à la loupe. Mais dans son cas, rien n'est encore tranché. Ilich hésite. Il se laisse du temps pour se forger une opinion définitive. Chaque nouvelle personnalité est passée au tamis de son filtre fou : est-il pédé ? Puis, immédiatement, une deuxième grande interrogation existentielle surgit : est-il un

Juif sioniste ? Ainsi fonctionne la gare de triage de son cerveau.

Toute la sainte journée, Ilich cherche donc des pédés et des Juifs sionistes. Malgré vingt-cinq ans de détention, cette obsession quotidienne demeure intacte. Comme perpétuellement assiégé par la présence possible de ses ennemis, il poursuit cette traque stérile. En prison, les homosexuels ont la prudence élémentaire de se cacher et la probabilité de croiser un Juif sioniste est quasi nulle, mais qu'à cela ne tienne. Il garde l'œil ouvert. Son rêve est simple ; en trouver un et le démasquer. Certains enfants ont des amis invisibles ; Ilich, lui, a des ennemis invisibles. Ils ne sont nulle part, mais lui donnent une raison de se lever le matin. Des compagnons de haine, une cohorte de cibles potentielles.

Ici, ses aversions recuites ne sont guère originales ; tous les prisonniers détestent les pédés et les Juifs. C'est la base mentale de tout détenu qui se respecte. Nul besoin de convaincre ou d'avancer des arguments, l'auditoire est conquis d'avance. Une haine unanime, simple et brute. Ainsi, même au fond du trou, il reste toujours cette fierté d'être un homme, un vrai, qui a des couilles. Et qui connaît la vérité des choses. Tout est normal. Il s'agit de garder l'œil ouvert.

Un après-midi, alors que nous sommes accoudés à la rambarde de l'aire de jeux, absorbés par le spectacle des enfants qui jouent, une jeune fille s'avance timidement. Elle accompagne les deux volontaires d'une association de bienfaisance. Des bénévoles, aux gestes délicats, qui distribuent feuilles, crayons, autocollants et jeux de société aux enfants. Longeant les murs jaunis d'un air assuré, comme si les causes perdues leur réchauffaient le cœur.

La jeune fille reste immobile, ne sachant que faire de ses dix doigts. Ilich l'évalue du regard tandis qu'elle pétrit l'ourlet de son gilet. Une allure d'adolescente des beaux quartiers. Sa frange blonde encadre son visage de petit oiseau tombé du nid. Elle tente visiblement de se rendre utile et lance la conversation :

— On organise une kermesse la semaine prochaine, dans la cour de la prison.

— Ah oui ? Alors, on va se bourrer la gueule et fumer des pétards ?

La jeune fille rit, embarrassée.

— Non, mais il y aura des jeux, beaucoup de choses à manger et des boissons.

— Vous êtes de quelle religion ?

Elle marque un temps d'arrêt, comme interloquée, puis répond :

— Aucune religion.

— Et vos parents, ils sont de quelle religion ?

— Mon père est catholique et ma mère rien du tout.

— Ah oui vraiment ? Vous êtes sûre ?

On sent que ce n'est pas la réponse qu'il attendait. Son œil expert semble avoir décelé immédiatement la trace d'une origine juive chez son interlocutrice. On ne la lui fait pas ! La fille me regarde, abasourdie, comprenant vaguement qu'on l'« accuse » d'être juive, mais sans trop oser y croire. Je hausse les sourcils, l'air de lui dire « ne vous inquiétez pas, il est toujours comme ça ».

Car c'est bien la vérité, il est toujours comme ça. J'en garde une sorte de haut-le-cœur permanent. Les sionistes forment le combat de sa vie. Un ennemi intime et invisible qui lui aurait nui personnellement et qu'il persécute en retour.

Les sionistes, avides, secs et querelleurs. Des manières de chiens. Avec eux, tout est gâté à l'avance. Le Mal se trouve à l'intérieur des sionistes. Dans leur nature même. Comme la chaleur dans le feu et le sucre dans les pommes. L'argent des sionistes. Les habitudes dégoûtantes des sionistes. Les noirs desseins des sionistes. L'or des sionistes. Si on appuie suffisamment fort sur leur ventre, qui sait ? Peut-être l'or qui y prospère s'échappera-t-il par leur bouche. Une chose est claire : la foule des sionistes resserre méthodiquement son étau et nous encercle. Macron est un agent sioniste. Robert Badinter également. Fabius est vendu à leurs intérêts. Audrey Azoulay, l'ancienne ministre de la Culture, est de leur bord. Manuel Valls, peu de gens le savent mais c'est un sioniste caché, un ennemi idéologique. Il œuvre dans l'ombre pour leur défense.

Ce numéro de matamore grandiloquent paraît ne jamais s'arrêter. Les morts ? Ce n'est que justice. Pour la cause. Pour la révolution internationale et la reconquête de la Palestine. Le marxisme et la Palestine n'ont plus aucun lien depuis trente ans, mais Ilich fait mine de l'ignorer.

À partir de 1973, une liste fut rédigée par des groupes armés palestiniens. LA liste des ennemis sionistes. Ilich m'assure avoir lui-même suggéré quelques noms. Des années durant, à l'affût de potentielles victimes, il a inspecté avec attention la presse financière. Il découpait des articles, conservait précieusement les noms de ceux qui pourraient être abattus ou kidnappés. Examiner toutes ces cibles potentielles lui réchauffait le cœur. Un avant-goût de victoire. « Il est sur la liste celui-là. On l'a mis sur la liste il y a vingt ans ! » me répète-t-il régulièrement pour se remonter le moral. Encore aujourd'hui, cette perspective de morts violentes et d'agonies lui verse du miel sur la langue.

Une petite liste rectangulaire pliée en quatre. Un fétiche monstrueux dont la voix mielleuse engorge sa mémoire de cibles rêvées. Leurs noms familiers lui collent au cerveau. Même dans un demi-sommeil, il les retrouve, les récite. Il a tant rêvé de ces meurtres. Il vaut mieux tuer les sionistes plutôt qu'être tué par les sionistes. Un enfant comprendrait cela.

Ainsi se réconforte Ilich entre les murs de Poissy, lui qui, certains jours, n'est pas loin de renifler l'odeur de sa propre mort. Le misérable cortège de Juifs abattus par ses soins flotte dans l'air, des silhouettes fantômes surgies du passé.

Ces morts et les kilos de mitraille dans les jambes des blessés constituent sa grande œuvre. La plupart des crimes d'Ilich sont restés impunis. Il dort désormais à poings fermés, malgré quelques rares jugements. En 2011 et 2013, il a pris perpétuité pour les attentats de 1982/1983 qui avaient fait onze morts et cent cinquante blessés. Des dommages et intérêts furent accordés aux victimes. Ilich se vante d'avoir organisé son insolvabilité et ainsi forcé l'État français à régler la note. Une part des dédomagements est revenue aux associations de victimes. Lesquelles sont dirigées par des sionistes. Évidemment.

Ces indemnités lui ont fait perdre le sommeil : il est une bonne affaire. Il y a eu un racolage de victimes pour gagner de l'argent ! Ces associations vivent sur l'argent du peuple, alors que la France n'a même plus les moyens de payer son déficit public, le pays est endetté jusqu'au cou. C'est honteux ! Et Ilich s'insurge, l'index dressé, subitement métamorphosé en défenseur rance des intérêts du contribuable français.

Sa haine absolue est née à l'été 1970. Jeune étudiant à l'université Patrice Lumumba de Moscou, il est formé pour intégrer la future élite du communisme international. À l'époque, les marxistes s'engagent dans un nouveau combat : la Palestine. Le bruit se répand parmi les étudiants moscovites que des camps d'entraînement à la guérilla sont proposés au Moyen-Orient. On y apprend à utiliser des armes de guerre et les étrangers sont les bienvenus. Quelle aubaine ! Ilich récupère un contact, une lettre d'introduction, et le voilà parti pour les vacances.

En juin 1970, il débarque donc en Jordanie dans les camps d'entraînement du FPLP, le Front populaire de libération de la Palestine en Jordanie. Il l'ignore, mais il vient d'intégrer l'aile radicale de la cause palestinienne. Le groupe marxiste, antisioniste et ultra-violent multiplie les prises d'otages et les détournements d'avions. Ilich se coule avec bonheur dans cette idéologie extrême et épouse une détestation qui ne le quittera plus.

Quatre mois après son arrivée, les terribles combats de Septembre noir le jettent dans la guerre. Il apprend à se battre, vit sous la tente et se contente de peu, grisé par l'exaltation. Je suis venu mourir pour la Palestine, répète-t-il, rêvant de se sacrifier au champ d'honneur. Son courage force l'admiration. La gloire qui n'était jusqu'alors qu'un projet confus, plein de mystères, prend forme.

De ce jour, Ilich croit en son destin et embrasse la cause palestinienne. Il mène la vie dont il rêvait, étourdi et émerveillé. On le reconnaît, on l'admire. Sa gloire naissante scelle son avenir.

Après Septembre noir, le FPLP installe ses camps d'entraînement au Liban et au Yémen. Ilich s'obstine, refusant de lâcher sa toute nouvelle croisade. Son profil va séduire l'un des dirigeants du FPLP, le redoutable Wadie Haddad. Ce tacticien sanguinaire, père du terrorisme moderne, est à l'affût de jeunes disciples qui iront attaquer des « cibles sionistes ».

Au premier regard, il ne prend même pas la peine de saluer Ilich, se contente de le désigner du doigt :

Celui-là, est-il prêt à mourir en détournant des avions ? Ilich est prêt à tout. Les deux hommes vont consacrer leur sinistre union. Le jeune Vénézuélien polyglotte, riche, parfaitement éduqué, constitue une recrue de premier choix. Wadie Haddad le prend sous sa coupe, le forme et l'envoie répandre le sang en Europe.

Les premières attaques démarrent à Londres en 1973. Ilich habite un quartier chic avec sa mère et ses frères. Sa famille le soutient en silence, faisant mine d'ignorer ses activités clandestines. Cette protection ne faiblira jamais. Durant vingt-cinq ans, la mère et les frères trouveront tout naturel de lui rendre visite à l'autre bout du monde pour fournir de l'argent, des faux papiers ou des contacts. Compatissants comme s'ils avaient toujours anticipé cette éventualité : voir leur fils et frère poser des bombes et lancer des grenades dans la foule.

Pour son premier attentat officiel, Ilich vise gros. Un raid en pays juif : Joseph Sieff, l'un des patrons de Marks & Spencer et vice-président de la fédération sioniste de Grande-Bretagne. Sur les photos de l'époque, Lord Sieff fixe l'objectif d'un air bonhomme. Son imperméable beige, ses lunettes en écaille, ses cheveux blancs peignés en arrière, le vieux monsieur sourit.

Pourquoi attaquer un vieillard fatigué ? Ilich semble excédé par ma naïveté et s'énerve : Et pourquoi est-ce que tu fais tout un plat de ce Sieff ? Cette affaire est simple à comprendre, non ? Sieff était un pauvre type sans aucun talent, même si son assassinat avait réussi, ça n'aurait pas été une grosse perte. Il était sur LA liste. Au FPLP, tout le monde avait signé. Lui, c'était un petit mec et son frère finançait l'installation des Juifs en Palestine depuis 1917. Ce type était un traître. Il méritait la mort, j'ai juste exécuté la sentence. Personne ne m'a vu, il n'y a aucun témoin.

En 1973, encore novice dans son métier de tueur, Ilich a révélé les détails de cette affaire à quelques proches. Au fil des ans, tous l'ont trahi. Des lâches vendus à l'ennemi.

Le 30 décembre 1973 au soir, une résidence cossue au cœur de Londres. Le majordome ouvre la porte. Ilich, la tête recouverte d'un collant, lui enfonce un pistolet Beretta dans les côtes et aboie : Où est ton maître ?

Tétanisé d'angoisse, le domestique se fige. Les yeux fixés sur l'agresseur, son large manteau brun fermé par des boutons métalliques. Ilich s'agite. Hurle : Ton patron ? De l'index, le serviteur désigne alors le premier étage. Les deux hommes montent les escaliers, Ilich, en tête, ricane.

Lorsqu'il pénètre dans la salle de bains, le vieux Sieff reste les bras ballants, terrifié, un pli incrédule sur les lèvres. Ilich tire. L'éclat blanc de trois coups de feu.

Une unique balle perfore la lèvre supérieure du vieux qui s'écroule. Quelques mots inarticulés s'échappent, une complainte inaudible, comme s'il questionnait : Pourquoi ? Son cœur manque de rompre. Un instant, Ilich se tient immobile, un éclat fou dans le regard. Il l'a pris. Il l'a eu. Et voilà ton maître ! semble-t-il crier au majordome en pointant le corps. Il disparaît dans l'obscurité, son Beretta dans la poche encore chargé de deux balles.

Le serviteur s'avance, son bras recroquevillé devant lui, craignant confusément qu'un coup ne s'abatte. Monsieur ? Monsieur ? répète-t-il dans une sorte de divagation confuse. Ne reste désormais que le corps replié sur le tapis. Il passe une main moite devant ses yeux exorbités. L'odeur glacée de la terreur.

La maison est intacte. 120 000 livres sterling dans le coffre-fort. Le majordome scrute sans pouvoir s'en détacher les tableaux de maîtres accrochés aux murs.

Le vieux Sieff survécut. Ilich l'apprit par le journal du lendemain. Il lui vint une envie amère de pleurer sur lui-même. Il n'y était pour rien ! Ses qualités de tireur hors pair n'étaient pas à remettre en cause ! Il ressassa. On lui avait donné ce vieux Beretta qu'il n'avait même pas pu essayer, du matériel défectueux. Le proverbe dit « À cheval donné, on ne regarde pas les dents ». Il l'avait pris, il n'avait pas le choix. Pour tuer, il faut toujours au minimum deux armes, deux grenades et un chauffeur pour prendre la fuite, mais lui, il disposait juste de ce vieux Beretta !

Après un moment de dépit, Ilich se met en tête de recommencer. Il en est sûr, cette nouvelle tentative sera un triomphe. Il s'imagine avancer d'un pas rapide, il peut déjà renifler l'odeur du mort. Les jambes du majordome percluses de tic nerveux, les membres du vieux agités comme ceux d'un insecte. Sieff va crever, la face contre terre. Il espère l'entendre appeler sa mère d'une voix craintive. Sa tête roulera, docile, dans une flaque de sang.

À peine le temps de se procurer une nouvelle arme et Ilich est prêt. Mais le vieux Sieff, terrorisé, s'est enfui pour toujours aux Bermudes. Jusqu'à son dernier jour, chaque silhouette au loin lui rappellera la face grimaçante de son agresseur.

Ilich conservera le vieux pistolet. Les policiers britanniques le retrouveront dans l'une de ses planques londoniennes, deux ans plus tard en 1975, alors qu'il vient de prendre en otage soixante-dix personnes lors de la réunion de l'OPEP à Vienne.

Jamais, pour aucune de ses actions, je ne l'ai entendu reconnaître qu'il avait failli. Ses échecs sont tous imputables à l'incompétence de ses supérieurs, à des trahisons, à la malchance ou à la défaillance du matériel. Jamais il n'avoua que le vieux Sieff avait survécu car il avait tiré de travers.

Le Drugstore

15 septembre 1974. Il est 17 h 22, lorsque le Drugstore Publicis explose. Des dizaines de boutiques et un vaste restaurant en plein Quartier latin. La grenade éclate en une unique déflagration lentement absorbée par la clameur de la rue. Le mode d'action choisi est tout nouveau : « l'algérienne », un engin explosif lancé à l'aveugle dans la foule des clients. Des passants entraperçoivent un homme qui s'enfuit, affectant un air supérieur. Aux coins de sa bouche crispée perlent sans doute des gouttes de sueur.

C'est le hurlement des sirènes qui recouvre les cris d'effroi. Deux hommes gisent morts, le corps écartelé : David G. et François B. Des blessés enchevêtrés sur les trottoirs. Quelques heures plus tard, seules flottent encore dans les décombres la poussière et les odeurs hystériques de la parfumerie éventrée.

Très vite, des terroristes revendiquent l'attaque, une incompréhensible Armée rouge japonaise (ARJ) dont on ne sait rien ou presque. On comprendra plus tard qu'ils sont alliés au FPLP. Les deux mouvements s'entraident pour leurs différents attentats.

C'est la première attaque qu'Ilich organise seul. Ses premiers morts. À l'époque, l'un des membres de l'ARJ, Yutaka Furuya, croupit à la prison de la Santé depuis six mois pour un trafic de faux passeports. Pour le faire libérer, l'ARJ monte une action en commun avec le FPLP : la prise d'otage de l'ambassadeur de France à La Haye. L'opération patine, Ilich prend alors l'initiative de lancer une grenade. Le Drugstore est ciblé volontairement, son propriétaire, Marcel Bleustein-Blanchet, le père d'Élisabeth Badinter, étant considéré comme sioniste. Ça lui servira de leçon. Sa besogne terminée, Ilich n'a pas longtemps à attendre : l'ARJ obtient gain de cause et Yutaka Furuya recouvre la liberté. Heureusement qu'il a sauvé la situation. Ces Japonais, incapables, n'arrivaient à rien !

L'enquête accumule les fausses pistes. Le commando s'évanouit dans la nature. L'attentat reste impuni et l'affaire se dissout dans l'océan de l'actualité. Cinq ans plus tard, en 1979, Ilich, au sommet de sa gloire, navigue entre le Moyen-Orient et l'Europe de l'Est. Il s'épanche auprès d'Assem Al Joundi : oui, c'est lui qui a lancé la grenade du Drugstore !

Les victimes tiennent enfin un nom : Carlos.

De ce jour, la famille G. se jura que ce salaud passerait les portes du Palais de justice. La mère et la fille y songèrent nuit et jour durant quarante-trois ans. Chacune de leurs nuits, chacun de ces 15700 jours fut habité par cette certitude. Sûres que lorsqu'on le tiendrait, tout serait différent. Cette ordure paierait même si elles devaient en crever d'épuisement.

Ce ne fut pas si simple. La valeur juridique des aveux faits à Al Joundi était faible et les preuves matérielles inexistantes. Des indices, tout au plus. Deux premiers procès se terminèrent par un non-lieu. En 1983 et 1996. La grenade avait explosé, voilà le seul point dont on était sûr, le reste n'était que conjectures.

Par un étrange coup du sort, en 2010, d'anciens membres de l'Armée rouge japonaise apportèrent de nouveaux éléments. Des vieux révolutionnaires presque mutiques aux existences désormais rangées comme celles d'experts-comptables. Leur combat était devenu aussi irréel qu'une baudruche qu'on agite la nuit de la Toussaint, mais leur récit semblait accuser Ilich.

L'affaire, prescrite, ne pouvait être rejugée. On trouva alors une « connexité », c'est-à-dire un lien entre le Drugstore et d'autres affaires non prescrites. La grenade venait probablement d'un lot utilisé ultérieurement. La prescription fut levée.

En mars 2017, quarante-trois ans après les faits, nous y voilà donc. Le procès de l'attentat du Drugstore s'ouvre enfin à la cour d'assises de Paris.

Les jours qui précèdent le début des audiences, j'envoie un mail à Pili pour connaître sa date d'arrivée. Elle tombe des nues. Sa famille n'a pas été prévenue. Ils nous ont oubliés, me répète-t-elle, incrédule, ils nous ont totalement oubliés ! Durant deux semaines, Pili va alors se démener pour obtenir le billet d'avion auquel elle a droit en tant que victime. Pour le reste de la famille, c'est trop tard. Ils attendront en Espagne.

Premier jour.

J'ai longtemps été persuadée que ce matin-là n'arriverait jamais. Ilich s'apprête à affronter ce souvenir venu tout droit d'un autre temps. Des survivants, des témoins et des preuves. J'ai préparé le dossier, s'enorgueillit-il depuis des semaines. J'ai beaucoup travaillé et ils n'ont rien contre moi. Je l'imagine griffonnant sur son bureau ajustable, sa petite chaise pivotante et son ordinateur, les dossiers de ses attentats classés dans des chemises cartonnées. Ses vérités incorruptibles rangées en paragraphes.

Désormais, chaque matin, je passe à la fouille avant de rejoindre les bancs de la salle d'audience. Les partisans rôdent autour de la porte. Petite foule de curieux et d'admirateurs qui se presse. Si on leur demandait : « Que faites-vous donc ici ? », sans doute répondraient-ils, l'œil fiévreux : « Voir Carlos ! » Leur Carlos à eux est le pivot central de toutes les révolutions. Il habite un pays de cocagne peuplé de guérilleros héroïques.

Je reste saisie dès mon entrée. Ilich n'est qu'un lointain souvenir. Ici se tient Carlos, juste Carlos. Il est comme suspendu à l'intérieur d'une cage de verre, son visage présente une tension si inhabituelle que je dois cligner des yeux. Il prend la pose, fait des manières, rien de tout cela n'est vrai, pas un instant sa véritable figure n'apparaît. Chaque matin, il se fige dans cette posture apprêtée, dresse le poing tandis que ses sbires fredonnent déjà le chant de la victoire. Sa voix semble pénétrer jusque dans leurs os. Son mépris distant est celui des maîtres. Il éparpille ses gracieuses pensées en direction de son auditoire, sa tribune, ses admirateurs, le procès est à lui. Il est à nouveau, sans conteste, vivant. Une femme au premier rang, la soixantaine et mise en plis parfaite, le salue d'un air respectueux comme si elle s'adressait à un haut gradé.

Se souvient-il de ses deux premiers morts ? David G. et François B. étaient entrés acheter une broutille avant que les débris de leur crâne ne s'éparpillent sur le trottoir. Et un instant, sans doute, le jeune Carlos demeura-t-il immobile sur le boulevard, comme stupéfait de ce qu'il venait de provoquer. À l'époque, il apprend patiemment sa besogne. Est-il à ce point stupide qu'il ne sait pas ce qu'il commet ? Est-il si bête ? Peut-être est-il le seul être humain à être né sans conscience ?

Aujourd'hui, les cadavres mutilés pourrissent sous terre. Ses rêves et espérances sont enfermés avec lui dans sa petite geôle vitrée. Il opine de la tête et réprime un dernier geste brutal contre le verre.

Et soudain apparaissent les victimes, droites et murées sur le banc des parties civiles. Tout contre leur bourreau. Maudite soit cette ordure, semblent-elles bredouiller. Les voilà face à face. En ce jour, tout le monde se trouve forcé de s'asseoir les uns contre les autres. Les victimes gardent le corps rempli de débris métalliques. Des éclats trop profondément enfouis pour être retirés et qui forment désormais comme des signes de reconnaissance invisibles dans tous leurs membres.

Lorsque Ilich fixe cette masse indistincte sur les bancs, c'est sans les discerner, un troupeau inarticulé. Ces gens comptent pour rien. Un bruit de fond. Une complainte piteuse. La guerre est une nécessité.

Son visage impassible. Est-il un monstre ? Je guette les détails physiques qui pourraient le trahir. Rien. Ses mains ? Des poignes fines qui ne semblent pas celles d'un assassin. Ilich se lève, sûr de la valeur de son personnage :

— Comment vous appelez-vous ?

— Ilich Ramírez Sánchez, né en 1949 à Caracas au Venezuela.

— Quelle est votre profession ?

— Je suis révolutionnaire international.

— Quelle est votre adresse ?

Ilich donne l'adresse de son épouse à Paris. Immédiatement, cette dernière s'insurge : Ah, non, non ! Elle fait grand cas du respect de sa vie privée et souhaite être présentée comme son avocate. Alors non, Ilich n'habite pas chez elle !

Un instant décontenancé de ne plus savoir où il réside, Ilich indique donc l'adresse de sa mère à Caracas. Il s'arrête net comme s'il tranchait la tête de ses phrases. Se tait. Se rassoit.

Les premiers jours, de nombreux journalistes assistent aux audiences, puis les rangs se clairsèment. L'affaire est ancienne, compliquée. La mauvaise sonorisation de la salle et l'accent d'Ilich rendent ses propos indéchiffrables. Personne ne semble l'écouter, ni les juges, ni la presse, ni les victimes. Quatre jeunes juges assistent le président, aucun d'eux n'était né en 1974. Cette affaire préhistorique paraît les assommer, l'une dessine, une autre recoiffe ses cheveux. On laisse Ilich pérorer, comme si on lui jetait un os à ronger. Nul ne s'inquiète de ne rien comprendre à ce qu'il dit. L'affaire semble jouée d'avance. Il a déjà deux perpétuités. Il va s'en prendre une troisième et n'a pas fini de moisir en tôle. C'est sans doute son dernier procès alors on le laisse déblatérer tout son soûl.

Ilich prend d'ailleurs bien soin de montrer que lui non plus n'est pas intéressé par les débats. De temps à autre, il feuillette son propre livre sur l'islam publié il y a une dizaine d'années. Dans l'ennui interminable, seuls résonnent les frottements de sa veste contre le micro.

Chaque matin, il me salue de la main, m'envoie des baisers. Je pénètre dans la salle d'audience, un gobelet de café à la main. La pièce n'a pas d'odeur. La lumière laiteuse du petit matin.

Durant le procès, Ilich est logé à la prison de Fresnes pour faciliter les trajets jusqu'au Palais de justice. On le tire de sa cellule, il part tôt, rentre tard et patiente des heures. Il se plaint à la cour de ses conditions de détention indignes : il souffre des poignets à cause des menottes et exige un médecin pour l'examiner ; on l'a fait attendre la veille dans une pièce minuscule sans rien à manger ; ses droits élémentaires de détenu sont bafoués ; les gendarmes, pourtant payés par l'État pour être à son service, ne font pas leur travail correctement. Fresnes est une maison d'arrêt remplie de petites frappes. Ce voisinage est une torture. Ce sont des drogués, tous sous cachetons. Il n'a rien à voir avec eux, alors pourquoi le forcer à les fréquenter ?

Son confort est la seule pensée qui semble occuper son cerveau. Les révolutionnaires sont une race délicate qu'il convient de traiter avec ménagement. Chaque jour, sa voix éraillée engorge les audiences, ses exigences flottent dans l'air, comme en apesanteur. La porte de sa geôle s'entrouvre quelques instants, il attend, son haleine rageuse emplit la salle.

Après une semaine de plaintes incessantes, un examen médical est finalement réalisé un matin. L'audience débute avec plus d'une heure de retard lorsque le président lit les conclusions : « L'examen médical a révélé un bon état général et une douleur à l'épaule gauche. Il n'y a pas de contre-indication à la poursuite du menottage. M. Ramírez Sánchez n'a pas souhaité prendre de traitement antalgique. »

Ilich s'insurge immédiatement : il ne prend jamais d'antalgiques ! Il a été blessé sept fois au combat, mais il supporte la douleur sans se plaindre ! Il tient à dire que la veille, on l'a fait attendre deux heures et demie dans une cellule infecte. Tout cela, ce sont des manipulations !

À l'entendre, l'ennemi sioniste se tient en embuscade pour rendre ses conditions d'incarcération indignes. L'audience semble un théâtre permanent. Ilich gesticule dans sa boîte à quelques mètres des victimes. Il se donne en spectacle. Plusieurs de ses soutiens se pressent dans la salle d'audience : Dieudonné, Monseigneur Gaillot, le sulfureux évêque suspecté d'antisémitisme... On l'interpelle, on lui fait des signes, on l'encourage. Dieudonné a cru bon d'emmener l'une de ses filles dont Ilich est le parrain. La fillette, intimidée et obéissante, est poussée devant toute la cour pour embrasser l'homme dans la cage de verre. L'effet produit est pathétique.

Et puis les débats reprennent, amorphes. Monseigneur Gaillot lui-même semble impuissant à effectuer un quelconque miracle. Et si on lui demandait de faire disparaître la geôle de verre par la grâce divine, sans doute l'homme de Dieu échouerait-il lamentablement. Faute de prodige, Ilich en est réduit à interrompre sans cesse les audiences par des coups d'éclat minables.

Après quelques jours de procès, un psychiatre vient livrer le compte-rendu de son examen. Alors, l'accusé Ramírez Sánchez est-il normal ? D'après ses conclusions, le condamné ne souffre pas de maladie mentale, ni de troubles notables de la personnalité. Certes, il parle de lui avec une certaine complaisance et est désireux de se valoriser, mais il ne présente aucun caractère pathologique.

Immédiatement, l'avocat général se lève :

— C'est très étonnant, vous décrivez l'accusé comme un personnage ordinaire, alors qu'il a quand même une personnalité extraordinaire ! J'ai vu de nombreux accusés dans ma carrière. Mais celui-là est vraiment atypique et cela ne ressort pas de votre expertise.

— C'est effectivement une personnalité tout à fait originale, mais il n'est pas atteint de maladie ni de troubles psychologiques de la personnalité. Il est dans une normalité psychiatrique. C'est un sujet tout à fait capable de se contrôler, un homme intelligent qui sait ce qu'il veut. Il maîtrise fort bien son comportement et son discours. Disons qu'il fait partie de ces personnes, qui ne sont pas rares, qui aiment bien se mettre en avant.

Carlos est donc rabaissé au rang d'accusé presque ordinaire, certes il s'écoute parler, mais rien de bien méchant. S'agit-il d'une bonne ou d'une mauvaise nouvelle ?

L'avocat général, qui s'attendait à davantage de flamboyance, se rassoit, presque déçu.

Les débats reprennent cahin-caha, occupés en grande partie par diverses considérations techniques concernant les grenades. Des heures à mourir d'ennui sans que l'on puisse en tirer quelque conclusion que ce soit. La grenade qui fut lancée au Drugstore était-elle réellement du même type que celles retrouvées dans une autre de ses planques ? A-t-elle été volée dans un dépôt de munitions américaines situé à Miesau en Allemagne ? Les experts discutent sans fin : numéros de lots, leviers et débris de grenade.

Tous les enquêteurs ayant travaillé sur l'affaire sont morts. Les rares pièces à conviction ont disparu, les photos originales également. Seul le levier de la grenade a été retrouvé. On estime que ce sont des grenades de type « M26 », mais l'expert qui se présente devant la cour n'est pas affirmatif. Il n'a jamais travaillé avec ces armes et ne connaît pas le matériel américain. Il s'excuse. La gêne est palpable et chacun reste sur ses positions.

Et les témoins oculaires ? Qu'ont vu les clients du Drugstore ? Une fois la grenade dégoupillée, elle a explosé au bout de 4,5 secondes précisément. Le lanceur s'est volatilisé. Les souvenirs des clients sont flous, des portraits-robots leur ont été montrés plus de vingt ans après l'explosion. Le juge lit des dépositions de victimes décédées. Des informations éparses et inexploitables.

Untel a vu un homme d'1,70 mètre avec des cheveux châtain clair mi-longs, de type européen, un autre se souvient d'un homme de 40 ans de grande taille portant un imperméable gris, une autre encore a vu un homme d'1,80 mètre au visage très blanc, les cheveux clairs et bouclés, les épaules larges. Personne ne reconnaît Carlos.

C'est ensuite au tour des rares clients encore vivants. Un petit cimetière de témoins que l'on interroge sans ménagement pour les inciter à raconter ce qu'il s'est passé quarante-trois ans auparavant. Certains, dont la mémoire semble défaillante, se font quelque peu malmener et assaillir de questions. Ils doivent se souvenir ! Mais comment reconnaître le visage d'une personne aperçue durant quatre secondes, il y a quarante-trois ans ? La performance semble inhumaine, presque stupide. Logiquement, personne ne reconnaît Carlos. À une exception près : le couple Bourgi. Monsieur et Madame.

Leur arrivée produit son petit effet car au moment du procès, M. Robert Bourgi est sous le feu des projecteurs pour avoir offert des costumes d'une valeur de treize mille euros à François Fillon, candidat à la présidence de la République. Le jour de l'attentat, le couple Bourgi était attablé au Drugstore. Et ils sont sûrs l'un et l'autre de pouvoir reconnaître de manière absolue le visage du terroriste. Sacrée performance ! Ils abreuvent la cour avec force détails.

Madame Bourgi a vu un Européen au teint pâle, de corpulence importante, portant des lunettes aux verres blancs. Elle sait qu'il s'agit de Carlos. Elle en est sûre, elle peut l'affirmer. Bien entendu, elle a vu Carlos par la suite à la télé. Non, cela ne l'a pas influencée. Quand on lui demande pourquoi, puisqu'elle était sûre de reconnaître le terroriste, elle n'est pas allée plus tôt le dénoncer auprès de la justice, Mme Bourgi, qui est avocate, explique qu'elle n'en a pas eu le réflexe.

M. Bourgi, lui aussi, reconnaît parfaitement Carlos. Il prend soin de préciser qu'il est favorable à la peine de mort. Il raconte ensuite qu'un enfant de 7 ou 8 ans très gravement blessé aux jambes, en sang, s'est accroché à ses genoux. Or, le couple Bourgi déjeunait au premier étage et absolument personne n'a été blessé à cet étage. Lorsqu'on le lui fait remarquer, M. Bourgi ne semble pas comprendre. Et retourne s'asseoir.

Les témoignages se succèdent sans que jamais la vérité n'émerge. Tout paraît absurdement faux.

Des flots de paroles insensées, d'erreurs et de souvenirs reconstitués se déversent, quarante-trois ans après les faits, comment pourrait-il en être autrement ? Seules la haine et la douleur paraissent réelles. Nous voulons comprendre, répètent les parties civiles, s'étonnant que Carlos ne montre aucune compassion, qu'il n'ait pas un mot pour eux, les victimes. Ils s'attardent comme si cela allait leur rendre leurs jambes broyées, leurs yeux transpercés, leurs nuits blanches, leur père mort, leur mâchoire fracturée. Ils restent là, immobiles, raides, transpercés de fatigue, avec leurs yeux ronds exorbités de le voir enfin. Lui, se tait. Leur faiblesse le rassérène. Il se contente de regarder le plafond. Fixant les lettres « RF » de République française dans les arabesques compliquées des moulures de plâtre.

La déposition la plus déprimante fut sans conteste celle d'une ancienne maîtresse de Carlos. Amparo. Cette jeune Colombienne avait caché des valises d'armes et de munitions dans son appartement. Le témoignage est capital pour l'accusation, mais la précieuse Amparo se fait désirer, sa présence est annoncée plusieurs fois avant d'être annulée.

Elle réside en province et voudrait témoigner par vidéoconférence. Un certificat médical fait état de troubles cardiaques et anxieux. Ce procès la plonge dans l'angoisse. Le juge semble hésiter, perplexe, mais les avocats de l'accusé dénoncent un certificat de complaisance. Alors l'ancienne fiancée finit par prendre le train et la voilà donc qui s'avance devant la cour.

Une petite femme apeurée. Tremblante, elle semble revenir d'une époque lointaine, difficile à imaginer. La jeune fille gracile qui allait danser à Saint-Germain-des-Prés. Du jour où elle croisa Carlos, sa beauté maigre et douce fut dévorée comme de la soude.

La soixantaine, les cheveux courts teints en blond, une mauvaise mise en plis, un blouson imperméable. La mamie fixe le sol, tétanisée, prenant bien garde de ne jamais regarder Carlos. Elle reste debout comme une enfant que l'on va punir et sur qui la gifle redoutée va s'abattre. L'avocat général précise qu'elle porte un stent cardiaque et qu'un certificat médical demande de la ménager.

Lorsque le président l'interroge, elle semble littéralement incapable d'articuler des phrases et se contente de répondre par oui ou non. Durant toute la durée de l'audience, le président lui parle doucement comme à une fillette malade, ne sachant comment il convient de se comporter. Dans un long monologue, il entreprend alors de décrire son parcours et reprend des centaines des pages d'interrogatoires. En quarante-trois ans, Amparo a passé quatre jours en garde à vue, six mois en prison et a été interrogée à douze reprises.

À propos de la rencontre amoureuse, les faits semblent clairs. Arrivée de Colombie en 1974, elle s'installe à Paris où elle se fait embaucher immédiatement comme bonne à tout faire dans le 16e arrondissement. Amparo et sa sœur Martha fréquentent le Quartier latin et rencontrent un garçon élégant dans une boîte de nuit, rue Monsieur-le-Prince. Ilich se présente sous l'identité de Carlos Torres Martines, un économiste péruvien. Des costumes toujours impeccables, des liasses de billets dans les poches. Habituellement, c'est Martha qui plaît aux garçons, mais Carlos Torres jette son dévolu sur Amparo, plus faible de caractère et très influençable. Son flair infaillible le trompe rarement.

Amparo tombe follement amoureuse. Martha met sa sœur en garde. Ce Carlos ne lui dit rien qui vaille, la preuve : il lui apporte sa lessive et la traite comme sa servante.

Carlos disparaît parfois durant plusieurs jours en évoquant des séjours à l'étranger. Amparo est certaine qu'il voit d'autres filles, des Sud-Américaines. Elle s'énerve, demande des comptes. Qu'est-il allé faire à Londres ? Ah, mais ça ne la regarde pas ! Il a un travail important, lui. Elle tente de rompre et déménage sans laisser d'adresse. Pourtant, à peine s'est-elle installée dans son nouvel appartement que, prise de remords, elle s'empresse de rappeler son amant.

En 1975, Carlos l'économiste a besoin d'un nouveau toit. Il propose la vie commune à Amparo, qui accepte avec allégresse. Le voilà donc qui récupère les clés du petit studio dans le 16e arrondissement pour s'y installer. Il s'inquiète alors de savoir si elle possède une carte de séjour et un compte en banque. Pourrait-elle encaisser un chèque pour lui ? La docile Amparo dépose un chèque de deux mille cinq cents francs avant de lui remettre cette somme en espèces. Cette transaction bancaire la perdra.

En juin 1975, la police, qui piste Carlos après la tuerie de la rue Toullier, débarque chez la jeune fille où ils découvrent tout un arsenal. Elle jure qu'elle n'en savait rien. Elle gardait seulement une valise sans avoir l'idée de regarder à l'intérieur. La fiancée est avalée toute crue et passe six mois à Fleury-Mérogis.

Pendant les audiences, Amparo, recroquevillée, semble attendre qu'une sentence de mort fonde sur elle.

Sur les faits de terrorisme, en quarante-trois ans, ses déclarations sont une suite sans fin de contradictions. Elles contiennent tout et son contraire.

Elle affirme que Carlos ne lui a jamais parlé du Drugstore, puis qu'il lui a avoué que c'était lui et son groupe, puis qu'il l'a menacée de mort, puis que non, en réalité, il ne l'a jamais intimidée, etc.

— Pourquoi dites-vous des choses différentes en 1975 et en 1997 ? demande le président.

— Je ne sais pas, Monsieur.

— Avez-vous relu les dépositions avant de les signer ?

— Non, jamais, je voulais juste rentrer chez moi.

Finalement, dans une déposition surréaliste en 1999, soit vingt-cinq ans après les faits, Amparo décrit précisément l'arsenal d'armes retrouvé chez elle, celui-là même qu'elle dit ne jamais avoir vu. Elle détaille des grenades à main de fabrication française ainsi qu'une grenade américaine de type M26. Elle précise que les bouchons allumeurs étaient du même type que ceux de l'attentat d'Orly commis par Carlos quelques mois plus tôt.

Silence dans la salle devant cette déposition absurde et manifestement rédigée par un tiers.

L'avocat d'Ilich s'énerve :

— Madame, vous avez une mémoire prodigieuse ! Vous avez pu reconnaître une grenade M26. Vous êtes savante en armes !

— Non, non, je ne connais rien !

Elle ne bouge plus, prostrée.

Le président, qui semble craindre un malaise cardiaque, la questionne d'une voix douce :

— Vous avez des connaissances en armement ? Ça vous paraît possible que vingt-cinq ans après vous vous rappeliez autant de choses ?

— Monsieur le président je ne me rappelle plus du tout. Je ne sais rien. Je ne sais rien. J'ai signé, j'ai jamais relu.

Un vertige à la vue de cette femme presque simplette. Comment peut-on s'appuyer sur une déposition de cette sorte ? Ces déclarations sont manifestement fausses. Mais elles font partie des preuves et le président se garde bien de les disqualifier.

L'audience s'éternise. Rien n'est cohérent, des affirmations contradictoires en fonction des années et dont elle ne peut être l'auteur au vu de sa maîtrise de la langue et de son niveau de compréhension.

Qu'y a-t-il donc dans la tête d'Amparo ? Que sait-elle de l'attentat du Drugstore ? Les dépositions de l'époque rendent impossible toute recherche de la vérité et désormais, il est trop tard. Le temps et les médicaments ont fait leur œuvre et mélangé le peu de souvenirs qui persistaient. Elle ne répond plus. Elle tripote son anorak marron. C'est presque fini, Madame, la rassure-t-on.

Ilich demande à prendre la parole. Il se lève et parade, désigne Amparo de l'index : Cette femme peut donner l'impression d'être légère et de draguer les mecs, mais en réalité pas du tout ! C'était pas une coureuse d'hommes ! Je vais vous expliquer, répète-t-il à plusieurs reprises comme si le mystère qui réunissait le tribunal était celui de la vie sentimentale d'Amparo. Alors, d'un air important, il se lance dans un récapitulatif des aventures amoureuses de son ancienne fiancée.

Dix minutes se passent. Gracias Amparo ! Je suis content de t'avoir vue aujourd'hui. Un geste de la main et Ilich se rassoit, jouissant de son petit numéro. Il s'est délecté à l'humilier en dressant la liste des hommes avec qui elle avait couché. Au fur et à mesure qu'il pérorait, Amparo baissait encore davantage la tête, semblant prête à disparaître dans le sol.

Le président conclut : Voilà, c'est terminé pour vous. Elle fixe ses chaussures, comme éteinte, enfile son blouson avant de quitter la cour. Elle va désormais vivre dans l'attente du procès en appel. Une petite mouche qu'on écrase du doigt, après l'avoir observée se débattre contre la vitre.

Ilich jubile, il a obtenu sa minute d'attention. Il voulait devenir Che Guevara, désormais, il boit du café tiède en plissant les yeux durant les suspensions de séance.

Les débats reprennent. Arrivent les victimes encore vivantes. Elles constituent les seuls témoignages clairs du procès. Beaucoup déversent à la barre l'horreur de ces quarante ans de vide. On les a laissées totalement seules comme si elles avaient subi un simple accident de la route. Ilich s'occupe ostensiblement à autre chose durant leurs dépositions. Distrait et souriant, il adresse des signes de la main au public pour signifier sa hauteur de vue : il ne souhaite aucun mal à ces pauvres diables pataugeant dans la boue.

Certains se souviennent de leurs derniers jours, des dernières heures avant la grenade. Ce qu'ils ont mangé, où ils allaient. Dans leur visage qui s'anime, on devine parfois les traits de ce qu'ils étaient avant.

Carlos ! semblent-ils tous s'écrier, comme si cet éclat de haine pouvait résonner encore. Une partie d'eux est morte avec lui. Il a réduit leur vie en bouillie, les a écrabouillés. Mais que faire ? Ils ont imaginé cent fois la scène, l'insulter, cracher contre sa geôle, feindre l'indifférence. Quarante ans plus tard, rien ne se passe. Ils défilent les uns derrière les autres. Sagement, en rang.

Un vieux monsieur qui achetait des cigarettes au Drugstore. Dans la file d'attente, un objet a atterri sur le sol. Et puis plus rien. Il est tombé dans le coma. Sur une photo de *France-Soir*, on voit son corps extrait des décombres. Lui ne se souvient de rien. On l'a opéré de la tête. Trois semaines de coma. Un an sans pouvoir travailler, il a perdu une oreille. Pendant des années, il voulait juste oublier et puis il a compris qu'il ne pourrait jamais oublier.

Un autre avait 17 ans, il allait déjeuner à la brasserie. La chaleur est montée dans ses mollets et il a vu le sang et les trous des blessures. Des éclats partout dans les jambes et dans les mains. Il n'a jamais pu oublier les cris. Il a vécu dans une panique totale pendant des années, aujourd'hui encore, la moindre explosion, même un simple pétard, provoque chez lui un état d'angoisse absolue.

Un autre avait 9 ans, il était venu choisir des disques. Subitement, un homme s'est penché sur lui pour le protéger et est décédé. Le souvenir de cette masse inerte sur lui. Depuis quarante-trois ans, il vit avec le poids de cet homme mort.

Pili témoigne elle aussi. Finalement arrivée d'Espagne dans la précipitation, elle reste au premier rang, à côté de son avocate, le regard fixe à quelques mètres de l'accusé. Elle est très angoissée, les longues files d'attente pour entrer au tribunal, l'argent que lui coûte son séjour à Paris, la confrontation avec les autres victimes, sa solitude et Carlos dans sa cage de verre, si proche et si humain. Toute cette affaire la plonge dans un état de panique profonde.

À la barre, elle explique être venue avec les souvenirs de toute sa famille. Ilich se lève pour expliquer doctement à l'assemblée l'origine chrétienne du prénom Maria del Pilar puis se rassoit comme si c'était la seule remarque qui s'avérait nécessaire. Pili raconte son histoire longuement. Durant quelques minutes, elle redevient la fillette de 10 ans qui cherche sa mère au milieu des corps. La petite Pili, son frère et sa sœur recouverts de lambeaux de chair humaine. Des enfants et leur mère qui n'auront aucune blessure physique, mais resteront rongés de l'intérieur. Certains magistrats pleurent. Elle crie, raconte le sang, la terreur, le bébé mort. Le président lui explique doucement qu'une partie de ses souvenirs sont faux. Il y a eu des dizaines de blessés, mais pas de bébé mort. Le bébé mort de ses souvenirs n'existe pas. Pili fixe Ilich longuement. Perdue.

Le soir, je lui demande ce qu'elle a pensé d'Ilich. Elle me dit avoir été étonnée de rencontrer un être humain, elle s'attendait à tout sauf à rencontrer un homme.

En dehors des audiences, il est souvent possible de s'approcher de l'accusé dans sa cage de verre et de lui parler. Les gendarmes surveillent, mais laissent faire. Pili a repéré cela et me dit qu'elle tentera peut-être de l'aborder. Elle veut qu'il la voie, qu'il la regarde. Elle pense que ce sera sa seule chance. Je l'encourage. Durant plusieurs jours, elle semble réfléchir à ce qu'elle lui dira.

La justice va passer. Alors on attend. Cette impression gênante qu'il faut en finir, que l'affaire est pliée depuis longtemps. Tout le monde est mort, les témoignages ont disparu, les dépositions datent de Mathusalem et beaucoup sont fausses, mais au fond personne ne s'en soucie.

Le bruit court chez les partisans d'Ilich que ce dernier procès a pour but de retarder une demande d'extradition vers le Venezuela. Renvoyé à Caracas, Ilich serait probablement libéré en quelques mois.

Et Ilich y trouve sans doute son compte : cette troisième perpétuité lui confère une légitimité de prisonnier politique. Il peut continuer à crier au scandale. Si le doute lui bénéficiait, ce serait le signe qu'il est traité comme tout un chacun, ce qui serait à ses yeux le comble de la misère et de la déchéance.

Je reste comme ensevelie sous ces jours d'audience et leur flot verbal. Qu'est-ce que je viens chercher ici ? Aucune vérité. Il ment. Et alors ? dirait-il. Tout le monde ment. Les débats continuent sans que jamais on ne paraisse s'approcher d'une quelconque vérité. Chaque question à l'accusé ressemble furieusement à une comédie.

— Est-ce que c'est vous qui avez jeté la grenade ?

— Non, c'est ma maman !

— Répondez sérieusement !

— Je suis innocent jusqu'à preuve du contraire. On continue de m'accuser : c'est Carlos ! Peut-être que c'est moi, peut-être que c'est pas moi, mais il n'y a aucune preuve, il n'y a aucun témoin !

— Répondez sérieusement, soyez gentil !

Mais Carlos n'est pas gentil.

Dernier jour. L'affaire est réglée en deux heures de délibération. Ilich se prend une troisième perpétuité. Aucun enjeu, aucune surprise, aucun débat.

Après le verdict, la foule s'immobilise, comme étourdie, puis dans un flottement la salle d'audience se vide peu à peu. Les journalistes se précipitent pour recueillir les réactions des deux parties. Ilich attend dans sa cage, Pili s'avance juste devant lui, le regard fixe. Elle lui parle en espagnol, pleine d'aplomb quand elle l'interpelle. J'observe la scène de loin. Je les vois tout proches, l'un et l'autre collés à la vitre.

— Hé, tu m'écoutes, tu m'entends ?

Ilich est surpris, c'est si rare que l'une de ses victimes ose s'adresser à lui. Il garde l'aplomb de celui face à qui les gens baissent le regard et s'enfuient.

— Oui, bien sûr !

— Je voulais te dire, maman elle ne te pardonnera jamais, mais moi, je te pardonne, je te pardonne, tu comprends ?

— Mais il n'y a pas de preuves que c'est moi.

— Oui, j'ai entendu, mais je sais que c'est toi et je te pardonne, il le faut, je suis obligée sinon j'en crèverai.

— Il faut que tu comprennes, c'était la guerre, nous on ne voulait pas de victimes civiles, mais dans toutes les guerres, il y a des morts. Les Américains, ils font beaucoup plus de victimes que nous et personne ne dit rien, c'était la guerre, on n'avait pas le choix, tu comprends ?

— Je comprends ce que tu me dis.

— Et comment tu vas maintenant ?

— Ça va, j'ai fait ma vie.

— Et ta mère, comment va ta mère ?

— Elle est fatiguée, tu sais.

— Il faut que tu sois heureuse, tu comprends ? Il faut que tu sois libre.

C'est alors que la femme de Carlos s'aperçoit qu'Ilich parle seul à seul avec Pili. Elle s'avance immédiatement et lui fait signe de la boucler d'un geste brutal de la main : Mais qu'est-ce que tu fais ? Tais-toi ! L'épouse entreprend alors de monter la garde devant la vitre, comme attachée à son mauvais maître.

Pili s'éloigne. Elle me raconte la scène, s'étonnant qu'Ilich lui ait parlé comme s'il était un enfant. L'ultime clarté arrive souvent trop tard.

Il ne s'écoule que quelques instants avant qu'on ne l'emmène, menotté. Nous quittons le Palais de justice.

Le Chacal

Le procès est terminé depuis plusieurs jours lorsque je me rends en parloir à Fresnes. Le 1er avril. Une date presque prémonitoire. Je m'égare avant de trouver la salle d'accueil parmi la multitude de bâtiments de cet ancien hôpital du XIXe siècle. Les murs semblent bourdonner de la voix des captifs.

Des casiers sales, minuscules, la moitié d'entre eux hors d'usage. Naïvement, je suis venue avec mon sac de travail. Je ne repère aucune caméra de surveillance, je chasse un mauvais pressentiment en déposant mes affaires.

Toute la misère du monde paraît s'être donné rendez-vous ici. Des matons invisibles. À chacun de se débrouiller pour comprendre ce qu'il convient de faire. Une salle surpeuplée, incroyablement crasseuse avec trois guichets et des files d'attente décourageantes, on y présente ses papiers d'identité avant de faire à nouveau la queue pour la fouille et le détecteur. Les retards s'accumulent, l'horaire prévu pour le parloir est largement dépassé.

Je discute avec des femmes en patientant. Elles s'amusent de mon inexpérience et me mettent en garde : je n'ai pas pris les chaussures qui conviennent car dans les salles du bas, l'eau stagne partout. Elles m'expliquent que le temps d'attente est décompté du parloir, la rencontre avec les détenus se réduit donc souvent à vingt minutes. Et une seule visite par semaine est autorisée. Si quelqu'un d'autre est venu et que tu n'es pas au courant, tu n'as plus qu'à rentrer chez toi. Ici, tu peux crever.

Les couloirs pour patienter sont étroits et nauséabonds, on appelle chaque famille en criant. Une dame se plaint de n'avoir pas pu entrer la semaine passée faute de place. Aujourd'hui, ce sera sans doute pareil. Elle pleure.

Jamais je n'aurais pu imaginer un endroit pareil. Lorsque j'entends enfin mon nom, c'est pour apprendre qu'Ilich a été transféré dans un autre bâtiment. Je parviens à le voir quarante-cinq minutes. Le box est petit, le sol sec. Ilich veut mon avis sur la prestation de ses avocats durant le procès. Comment est-ce que je les ai trouvés ? Et ses prises de parole, qu'en a pensé le public ? Est-ce qu'on l'a bien entendu ? Je reste évasive. Comment lui expliquer l'ampleur du désastre ? Mais déjà, il ne m'écoute plus. Des matons l'ont maltraité ! Il s'en est plaint, tout cela se paiera cher. Il me désigne une petite plaie mal refermée et m'oblige à toucher la blessure : Tu vois ? Tu vois ce qu'ils m'ont fait ? J'effleure son poignet tandis qu'il opine de la tête comme si sa peau allait garder les marques indélébiles de son humiliation.

Il veut rentrer à Poissy, s'inquiète que les sionistes lui fassent un sale coup et qu'il reste coincé ici. À Fresnes, il est seul, personne ne le connaît, les jeunes détenus ignorent tout de son passé. Il erre, un peu perdu, sans cette assurance habituelle de celui qui fait visiter son domaine et qui peut rudoyer, plaisanter, dominer. Ici, les matons l'emmènent. On le pousse, on le conduit. Il lui faudrait des mois pour se faire une place. Il n'est qu'un petit vieux avec un accent à couper au couteau. Je le laisse disparaître entre deux gardiens et je songe aux vies qu'il aurait pu mener.

En partant, je retrouve mon casier grand ouvert et entièrement vide. Paniquée, je me précipite vers les surveillants de l'entrée, personne ne lève les yeux. La discussion est lunaire.

— Mon sac a disparu, toutes mes affaires, mon ordinateur, tous mes papiers, mon casier a été ouvert !

— Ah ben Madame, il ne fallait pas laisser votre casier ouvert.

— Mais j'ai fermé mon casier, évidemment que je l'ai fermé, on m'a tout pris !

— Ah non, vous avez dû le laisser ouvert.

— Mais je sais bien que non, je n'aurais pas laissé mon sac dans un casier ouvert.

— Il fallait le fermer.

J'en reste les bras ballants, sidérée, ignorant ce qu'il convient de faire. Finalement, une mère de détenu prise de pitié me conseille d'aller demander de l'aide à l'association des familles dans le local à côté. Un groupe chrétien. La jeune fille qui m'accueille me semble être la première personne douée de bon sens que je croise.

Comme par enchantement, je retrouve le contenu de mon sac vidé dans leur entrée. Toutes mes affaires sont là, dans un plastique transparent, personne n'a d'explications. C'est un enfant qui aurait rapporté mes affaires. Sans que l'on sache où est cet enfant.

La bénévole m'avertit : il ne faut rien laisser ici, tout disparaît ! Une autre mère de détenu confirme s'être fait voler ses clés de voiture dans son casier, tout le monde le sait et il n'y a rien à faire. Je déguerpis sans demander mon reste.

Un mois plus tard, je reprends mes visites à Poissy, qui fait désormais figure à mes yeux de paradis des Centrales pénitentiaires.

Un après-midi comme tous les autres au parloir : en grappes serrées, nous guettons l'arrivée des détenus. Les enfants se chicanent et courent. Emmitouflés, capuches sur la tête, accrochés les uns contre les autres, ils trépignent, guettent le signal du départ, leur sac à dos Dora l'exploratrice ou Spider-Man solidement harnaché sur les épaules. Je les admire, ils ont fait provision de cartes Pokémon pour l'après-midi à venir et attendent, insouciants, sans anticiper les heures amères qui s'annoncent. L'instant présent.

J'attends Ilich. Il a retrouvé sa cellule double et la petite légende qu'il a patiemment construite.

Carlos, l'Animal, la Terreur. À Poissy, on ne se gêne jamais pour m'interpeller. Vous venez voir la Bête ? Vous êtes de sa famille ? Il appartient un peu à tout le monde. On l'a vu aux informations. On a parlé de lui au journal ! Les morts ne sont plus là pour venir se plaindre alors on l'écoute se vanter de ses exploits, adossé aux murs mangés par la crasse. On lui tend les bras. Pourtant, à l'extérieur, Carlos ne fait plus courir grand monde. Aujourd'hui, qui peut encore citer ses faits d'armes ? La légende paraît moribonde. Dans la moitié du monde, on le connaît uniquement sous le surnom de Carlos le Chacal. Comme une extravagante créature hybride mi-homme mi-chien. Ici, le Chacal est loin et personne ne se préoccupe de ce titre étrange.

Ilich arrive. Le vacarme autour de nous. Il me tend les bras puis se jette sur les sucreries. Ilich et le tâtonnement gauche de ses doigts sur les touches du distributeur. Je vais te montrer quelque chose ! Il me désigne les deux machines et pointe du doigt plusieurs paquets de Kit Kat, tu vois, tu vois ? Comme si une évidence devait me sauter à la figure, j'écarquille les yeux, mais je ne remarque rien. Il m'explique alors, avec la voix triomphale de celui qui vient de découvrir l'Amérique : ce distributeur vend le paquet de Kit Kat à 1,10 euro et l'autre vend le même paquet à 1,20 euro ! Et le pire, c'est que lorsqu'on achète un paquet de six Kit Kat sur la liste UVF, le lot de six coûte 3 euros, donc 50 centimes l'unité ! Incroyable, non ?

Je reste muette, les yeux toujours fixés sur les empilements de Kit Kat. Ma réaction n'est visiblement pas à la hauteur du scandale dénoncé. Il arrête alors systématiquement ceux qui s'approchent pour leur expliquer l'objet de sa colère. C'est une volonté délibérée de nuire aux détenus ! Le voilà tout ragaillardi par cette si petite chose.

Nous tournons à droite en direction des box, il me semble que la nuit va déjà tomber. Le regard fixe, je guette ses gestes. La foule raide s'immisce partout. Ilich est très élégant, comme toujours. Un petit foulard de soie noué autour du cou. Du tissu fin d'excellente qualité. Je le questionne. Ah oui ! Je le portais à Damas en 1983. Je l'avais acheté dans une boutique de luxe du centre-ville ! Et il caresse la précieuse étoffe qu'il replace soigneusement jusqu'à faire disparaître le moindre pli. La soie reste muette, sans souvenir, lustrée. Puis l'index d'Ilich dessine une ligne horizontale en travers de sa gorge. Sa pupille se dilate, sa peau se tend : le Chacal surgit et s'enorgueillit : À cette époque, je combattais ! J'étais un tireur d'élite. Je dégainais plus vite que les fedayin, je tirais mieux que tout le monde !

Et Ilich se lève d'un bond dans notre box minuscule aux cloisons de contreplaqué. Il se retrouve subitement armé d'une kalachnikov. Il regarde à droite puis à gauche dans des mouvements brusques et imprévisibles, saute sur ses pieds, se baissant comme pour échapper aux balles nombreuses qui surgissent du linoléum. Finalement, l'ennemi disparaît, préférant sans doute s'enfuir plutôt que d'affronter un combat juste et loyal. Ilich scrute l'horizon avant de se rasseoir, épuisé par cette lutte victorieuse : Merde, le combat, c'était pas de la rigolade. C'était mon métier de tuer ! C'était moi qui étais toujours obligé de m'y coller. Les autres, c'étaient des bureaucrates, ils ne savaient pas tuer ! Pour combattre, il faut pouvoir tuer de sang-froid quelqu'un qui ne vous a rien fait. Et ce n'est pas si facile. La plupart des gens n'en sont pas capables.

Sa langue contractée entre ses dents, un morceau de chair rose d'un demi-centimètre apparaît tendu et musculeux. Ce rictus sur son visage, je l'ai déjà vu cent fois. Quand il revit un meurtre, sa bouche se plisse littéralement et ses yeux se fixent dans un orgasme final. Comme si son corps ne pouvait s'empêcher d'exulter. De jouir juste à l'idée de répéter ces gestes d'exécution. Il revit la scène emporté par l'enthousiasme, se lève d'un coup, appuie sur la détente d'un geste sûr et rageur. Puis le rictus d'orgasme retombe, il se rassoit et Carlos redevient Ilich.

Ilich qui plaisante, qui me demande des nouvelles de mes enfants. Tonton Ilich. Tu embrasseras les petites pour moi ! Tu leur diras que tonton Ilich les embrasse ! Ok, je leur dirai. Et apporte-moi une photo la prochaine fois. Ok. Mes mots se tordent. Son rire passe comme une faux sur ma cervelle. C'est un suceur de sang.

Je reste figée. La chaleur du gobelet plastique entre mes doigts me donne un certain aplomb. C'est à peine si je prête attention aux cris d'enfants et à son souffle noir le long de mon visage. Je vomis ses souvenirs. J'ouvre les yeux, Carlos et son sourire de tueur ont disparu. Ilich.

L'après-midi au parloir. Le peuple des matons tourne à l'infini, sans songer à nous importuner.

Il ne regrette rien. Rien si ce n'est de ne pas avoir tué plus de gens. S'il avait tué davantage, il n'aurait pas été trahi par des traîtres et ne pourrirait pas en prison. Il ressasse à l'envi ses calculs sordides dont lui seul tient les comptes. La plupart de ses victimes l'avaient bien cherché. Les victimes innocentes ça n'existe pas, ou alors 10 % des morts au grand maximum. C'est dommage, mais c'est comme ça, qu'est-ce qu'on peut y faire ?

Dans son esprit semble s'opérer une séparation magistrale en noir et blanc. Ceux qui soutiennent sa cause et les autres. Lui se persuade de défendre les opprimés, les humiliés. Des pauvres doux, bienveillants et reconnaissants, dont la misère étincelle de mille feux. Leur défense nécessite de faire couler le sang, de trancher des gorges et de poser des bombes. La réalité est sans doute plus obscène encore : j'ai le sentiment qu'Ilich a toujours été un tueur, il cherchait le sang. La Palestine a croisé son chemin. Sans elle, il serait parti à la recherche d'une autre guerre et d'autres morts lui auraient permis sans aucun doute de satisfaire son appétit.

Il se rengorge. Beaucoup de ses ennemis se pavanent aujourd'hui, mais ils se sont trouvés à deux doigts d'être descendus. Il aurait pu les flinguer. Tous ceux-là, épargnés par hasard ou par facilité, devraient se montrer davantage reconnaissants à son égard.

À l'entendre, parmi ces nombreuses victimes épargnées, figurerait l'homme politique Robert Badinter. Au début des années quatre-vingt, le sulfureux avocat Jacques Vergès se serait vu proposer un contrat sur Badinter et aurait chargé Ilich de cette délicate mission. Juste pour donner un coup de main. Badinter était sur LA liste des agents sionistes, sa mort était donc justifiée. Des hommes d'Ilich seraient allés repérer le terrain pour rendre service. Devant la résidence de Badinter, deux gardes en civil demeuraient postés en permanence. Avant de le tuer, il aurait fallu commencer par descendre ces deux flics. Un nid à emmerdes. Ilich a préféré laisser tomber, c'était l'affaire de Vergès, pas la sienne. Ce n'est pas par couardise ! Personne d'autre que lui n'est là pour me confirmer cette histoire. Je suis forcée de l'écouter réécrire l'histoire à son avantage.

Et Daniel Cohn-Bendit et Joschka Fischer ! Eux aussi seraient passés à deux doigts de se faire buter, ils devraient moins faire les malins. En 1974, des membres des Cellules révolutionnaires avaient caché des armes chez eux, à Francfort. Quand Cohn-Bendit et Fischer l'ont appris, ils ont menacé de les dénoncer à la police. Ilich voulait les flinguer, mais Weinrich s'y est opposé. Ilich n'a pas insisté, il avait d'autres chats à fouetter.

Plus tard, ce fils de pute de Cohn-Bendit, ce fumeur de haschich, les a critiqués dans une interview télévisée. Ilich avale son café à petites gorgées et lève l'index d'un air supérieur : C'est bien la preuve qu'il aurait fallu les éliminer !

Ceux-là seraient donc des survivants. Qu'ils s'estiment heureux de leur sort. Et les autres ? Volatilisés ! Les cadavres n'ont plus de souvenirs. Les cheveux des morts, l'odeur des morts, les âmes des morts flottent dans le box au-dessus de nous. Couchés à nos pieds, ils attendent sagement que le parloir se passe. Pendant les blancs de la conversation, leurs os se brisent d'un léger bruit sec.

Ilich, lui, ne discerne pas les macchabées qui nous entourent. Nous marchons des heures entières dans les allées. L'ivresse cède parfois la place à l'angoisse. Le Chacal bat alors en retraite. L'idée de lutter pour garder sa place ici lui répugne. Parmi les gueux, il courbe la tête et suit son chemin. Il n'a pas eu de parloirs depuis un mois, il n'a plus de sous, l'argent s'évapore. Le claquement perpétuel des pas dans les allées.

Il flotte dans les espaces infinis de sa légende. Condamné au mensonge. Quelques échos de la guerre lointaine lui parviennent encore. Il prétend avoir dirigé jusqu'à six cents combattants. Je répète que je voudrais les joindre, que je vais probablement aller tourner au Liban. La réponse fuse, immédiate : C'est impossible, ils te tueraient ! Il refuse de me donner le moindre contact ou renseignement sur ces combattants fantômes, brandit des menaces confuses et absurdes en mimant des scènes d'étranglement. Je soupçonne qu'en réalité, il n'y a plus grand monde qui se souvient de lui. Ce qu'il ne faut pas que je voie est le néant qui reste de son combat.

Mais il s'évertue à préserver les apparences et demeurer présentable. Il porte beau. Il a en horreur absolue la négligence. Tous ces gens mal habillés, malpropres et qui fument du haschich, il les vomit ! Ceux-là portent leur petitesse sur eux. Il inspecte systématiquement ma tenue, pas un seul parloir sans une remarque sur mes vêtements, mes chaussures, la longueur de ma jupe, la coupe de mon pantalon, la qualité du cuir de mes bottes. Il accorde toujours une attention particulière aux chaussures, un cirage soigneux semble faire partie des règles élémentaires de la bienséance. Les négligés qui s'habillent comme des clodos avec des jeans troués, ce sont des moins-que-rien, des merdes.

À propos de Johannes Weinrich qui fut son bras droit pendant des années, la première chose qu'il évoque est sa façon de s'habiller. Élégant, voilà le mot que tout le monde employait pour décrire Johannes. Un type élégant. Et un gauchiste très propre, il portait toujours une cravate, voilà pourquoi Ilich l'a remarqué et apprécié. Bien avant ses convictions politiques ou son intelligence, c'est la coupe de ses vêtements qui a fait la différence. Durant vingt ans, Weinrich, cet élégant à la tête dure, fut un auxiliaire parfait.

Les deux hommes se rencontrent pour la première fois à Paris fin 1974. À l'époque, Weinrich est marié à une militante américaine du groupe des Black Panthers, un mouvement révolutionnaire marxiste. Mais attention, qu'il n'y ait pas de malentendu : Weinrich et la Black Panther ne couchaient pas ensemble ! Ils avaient juste un arrangement pour que la fille obtienne la nationalité. Ilich prend bien soin de réduire à néant toute possibilité de vie sexuelle chez ses lieutenants, le sex-symbol qui enchaînait les conquêtes c'était lui, qu'on ne s'y trompe pas !

Ilich est définitif : son élégance naturelle fut son meilleur atout. Par exemple, pour les attaques contre les avions de la compagnie israélienne El Al à Orly en 1975, il a pu facilement circuler dans tout l'aéroport et effectuer des repérages même dans les zones de sécurité car son allure était parfaite. Durant six mois, il s'est rendu tous les jours à Orly pour préparer l'attentat. Tout le monde pensait qu'il travaillait là, les flics le saluaient au garde-à-vous. C'était extraordinaire.

À l'époque, le FPLP tente de faire capoter des négociations entre l'OLP et Israël, en attaquant au lance-roquettes des avions d'El Al. Ilich prépare minutieusement l'opération sous les ordres de son chef, le Libanais Michel Moukharbal. Le 13 janvier 1975, un commando de quatre hommes tire sur un Boeing 707. Ils ratent leur cible. Moukharbal décide de réitérer l'attaque au même endroit six jours plus tard. Nouvel échec.

Pour s'échapper, le commando tire dans la foule puis s'enferme dans les toilettes de l'aéroport avec des otages. Une odeur de chiottes et de mort. L'attaque fait vingt et un blessés. De l'intérieur des toilettes, les quatre hommes exigent un avion pour prendre la fuite vers Bagdad. Le président Giscard d'Estaing prête une oreille craintive à leurs revendications et donne l'ordre d'obtempérer. Le commando quitte l'aéroport en faisant le V de la victoire. Ilich prétend s'être fondu dans la foule et avoir pu repartir sans être inquiété.

Quand il relate cet épisode, seule lui reste en mémoire l'incompétence supposée de Moukharbal. C'est lui l'unique responsable de l'échec ! Ce connard a voulu retenter l'opération trop vite et il a tout gâché. Il a ruiné six mois de préparation. Six mois durant lesquels Ilich, grâce à sa tenue et sa prestance peu communes, était parvenu à se faire passer pour un militaire et obtenir de précieux renseignements.

Quelques semaines plus tard, Ilich est planqué rue Toullier à Paris dans l'appartement de l'une de ses petites amies. Un soir, le visage gris de Moukharbal apparaît dans l'entrebâillement de la porte en compagnie de la DST. Putain, ce connard a été arrêté et l'a balancé ! Ilich, l'air guindé d'un fils de diplomate, tend un faux passeport aux flics avant d'en abattre deux et de liquider Moukharbal d'une balle dans la tête, ravi de régler son compte à ce chef incapable. Il ramasse ses douilles et s'échappe, direction Bruxelles. Puis Hambourg, Berlin,

Bagdad et le Yémen du Sud chez Wadie Haddad. Pisté par tous les flics d'Europe, il s'enfuit sans encombre parce qu'il a la classe. Un raffinement naturel.

À compter de ce jour, Ilich se retrouve traqué sans relâche. Muni de plusieurs faux passeports, dont l'un au nom de Carlos Torres, il a désormais changé d'identité. Dans l'une des planques, la police britannique trouve un polar à succès, l'histoire d'un tueur à gages : *Chacal*. Immédiatement, le fugitif devient « Carlos le Chacal ». Comme une marque. Ilich n'existe plus hormis pour ses frères et sa mère. Sa légende prend forme. L'univers se plie à sa volonté.

Et à l'entendre, l'histoire se répète.

Fin octobre 1975, le FPLP reçoit une commande du colonel Kadhafi pour la réunion de l'OPEP (Organisation des pays exportateurs de pétrole) à Vienne deux mois plus tard. Le Libyen veut prendre en otages la centaine de participants.

Ilich doit diriger le commando, il arrive à Vienne, cerné par les avis de recherche Interpol placardés dans les gares et les aéroports. À Zurich, sa photo trône juste derrière les types de la sécurité qui vérifient les passeports. Putain, il a eu peur de se faire arrêter ! Il s'est avancé, en costume d'homme d'affaires, une mallette de cuir à la main, et a tendu un faux passeport équatorien. L'officier ne l'a même pas ouvert, il a juste souri : « Welcome to Switzerland ! » Quand tu as l'air riche, tout est facile.

À la gare centrale, il a acheté un billet pour Vienne en première classe. Lors du contrôle des passeports à la frontière, il feuilletait des journaux financiers américains, ça impressionne toujours les flics. On l'a laissé tranquille ! À sa descente du train, Hans-Joachim Klein et Wilfried Boese ont débarqué de Zurich, en deuxième classe et habillés comme des clochards. Des vêtements lamentables ouverts aux quatre vents. Comment peut-on tomber aussi bas ? Merde, ils étaient vraiment faciles à repérer !

Le 21 décembre 1975, le commando séquestre soixante-dix personnes. Trois sont tuées immédiatement. Des tractations secrètes se mettent en place. Le troisième jour, sans obéir aux ordres du FPLP, Ilich prend seul la décision de faire libérer tous les otages. Cette arrogance impardonnable provoque la colère de Wadie Haddad. Le Chacal se trouve désormais exclu des opérations d'envergure. Le fin mot de l'histoire arrivera plus tard mais en attendant, sa carrière de révolutionnaire s'arrête net.

Cette opération sanglante va constituer le sommet de la trajectoire d'Ilich, sa gloire et le début de sa chute. Lui n'a jamais oublié son allure impeccable sur le tarmac d'Alger, béret chic et veste de cuir. Il est entré dans l'histoire vêtu comme un vrai révolutionnaire romantique.

À Poissy, ses complets bleu marine se frottent aux sweats à capuche des autres détenus. La prestance est tout ce qui lui reste, alors Ilich réécrit l'histoire à son avantage. Son apparence d'homme d'affaires new-yorkais l'a certes tiré de quelques mauvais pas, mais il se garde bien de préciser que c'est parce qu'à l'époque tout jouait en sa faveur : on fabriquait un faux passeport sur le coin d'une table, on communiquait par Télex, la vidéosurveillance était inexistante, tout comme la biométrie et les recherches ADN, la surveillance du trafic aérien et des frontières était balbutiante… Aujourd'hui, il y a fort à parier que ses prouesses vestimentaires ne lui auraient pas été d'un grand secours.

Le Chacal coexiste désormais avec un petit animal domestiqué qui se tapit dans les angles de la Centrale. Le haut-parleur résonne. Je me lève, Ilich époussette une saleté sur sa veste. Il repart, la tête haute, les chaussures cirées, la moustache parfaitement taillée. Il réajuste le foulard de soie qui orne la poche de sa veste et se fraye un chemin parmi les détenus en jogging hochant la tête sous l'effet des antidépresseurs.

Ilich rejoint sa tanière. Chacal ou petit animal domestique, il a conservé sa parure. Brillance et illusion. Cette nuit encore, il rêvera que, vêtu comme un prince, il échappe héroïquement aux flics qui le traquent sans relâche avant de s'évanouir dans la poussière.

Procession

13 heures. Vestibule avant l'entrée au parloir.

La prison, cette affaire de salle d'attente. Nous nous taisons. Le silence est tombé d'un coup. Encore vingt minutes avant que les gardiens ne viennent nous chercher. Je fixe la langue de linoléum posée sous mes pieds. Tiède et granuleuse. Les bruits familiers ne laissent aucune possibilité d'échappement. Le découragement me tenaille.

J'essaye de retrouver le souvenir du visage d'Ilich. Rien ne me revient. La taille des mains. Le blanc des yeux et la pulpe des doigts. Je ferme les yeux et c'est sa cervelle qui apparaît. Une masse blanchâtre qui se déverse à mes pieds, je m'en veux moi-même d'être stupéfaite du spectacle que j'ai provoqué.

Régulièrement, des parloirs inutiles ou presque. Je n'en rapporte que du vide. Il est contrarié ou fatigué, nos discussions ne mènent nulle part. Son accent encore plus marqué qu'à l'ordinaire. Je ne comprends rien.

Aujourd'hui, la pluie recouvre tout. Un voile noir. Affreux.

Comme toujours un carnet dans ma poche. Des dizaines semblables à celui-là s'empilent sur mon bureau. Entre deux visites, je n'y touche pas, je ne les relis même pas. J'attends, je guette. Lorsqu'on me demande « mais que vas-tu faire de tout cela ? », j'élude la question. Je ne sais que dire à propos de ce projet informe et obscur. Je passe le bout de mon doigt sur la couverture de moleskine. J'ai juste la certitude folle et intacte que je parviendrai à raconter le monde de Poissy et la tête de Carlos.

Dorénavant, ses lettres se terminent toutes par « je t'embrasse ». Il me serre dans ses bras quand il m'aperçoit. Une litanie de demandes dès mon arrivée. Il brandit un bon de commande qu'il a déjà prérempli pour un « truc » à 29 euros et un autre « truc » à 15 euros. Des babioles, des fermetures Éclair, des cartes de visite, des torchons. Tiens, j'ai besoin de ça, et puis ça, et tu me prendras ça, regarde, c'est pas cher ! Il me tend une liste et je me retrouve à le raisonner comme je le fais avec mon fils adolescent, mais enfin, 29 euros, ce n'est pas rien. L'argent ne se ramasse pas par terre, tu sais à combien est le salaire moyen ? et bla bla bla… il me fixe de son œil incrédule, sûr que je finirai par lui apporter ce qu'il me demande.

Les minutes s'étirent. Derrière les vitres, tournent mollement des surveillants fatigués. Ils empruntent l'allée principale avant de disparaître.

Comme chaque semaine, des bénévoles accueillent les visiteurs d'un large sourire. Chemisiers clairs et jupes de toile à la coupe élégante, elles distribuent gâteaux et cafés à une joyeuse assemblée hétéroclite en très grande majorité féminine : de jeunes filles en niqab gantées de noir, des gitanes en minijupe et claquettes, des familles de militants corses ou de l'ETA arborant des tee-shirts aux slogans indépendantistes...

Et tout ce monde-là est bien forcé de se saluer et de discuter comme s'il était tout à fait naturel de partager un café.

Ce jour-là, l'une des dames patronnesses, anormalement gaie, fait circuler une feuille de demande de dons pour une petite fête organisée en l'honneur de l'été. Elle nous débite la liste des réjouissances : gâteaux, fromages, chocolats, sodas. Et les détenus pourront remporter les restes dans leur cellule ! nous affirme-t-elle avec des yeux extatiques, comme si elle parlait d'enfants de 2 ans. Nous sommes donc invités à contribuer. Le papier passe de main en main sans grand succès. J'imagine, incrédule, les détenus de la Centrale célébrer l'arrivée de l'été dans une liesse de fromages et de sodas à volonté.

La bénévole semble déçue du peu de succès de sa quête. Une petite gitane pousse la porte avec sa grand-mère. La fillette, âgée de 5 ou 6 ans, se prénomme Brandy et semble tout droit sortie d'un dessin animé. Maquillée de paillettes sur les lèvres et les paupières, les ongles vernis, de longs cheveux blonds impeccablement bouclés tombant jusqu'à ses fesses, elle s'avance, sûre de son petit effet. Un body rose fluo enserre étroitement son surpoids manifeste. Visiblement habituée à attirer les regards, elle se débrouille très bien pour en obtenir quelques bénéfices, j'ai ainsi vu plusieurs fois Ilich lui offrir des sodas.

Le silence se fait, Brandy s'assoit, tenant dans une main un paquet de chips et dans l'autre des bonbons.

Je sens la bénévole à la fois curieuse et condescendante, désireuse d'aider ces gens dont, Dieu merci, elle n'a pas les problèmes. Elle observe longuement les personnes présentes, semblant savourer le contact avec tous ces éclopés. Elle jette finalement son dévolu sur la mère de Brandy pour distiller quelques pertinents conseils de nutrition : les enfants n'ont pas besoin de manger des bonbons. Elle-même a été élevée sans bonbons et a élevé ses propres enfants sans bonbons !

La mère de Brandy en reste muette de stupéfaction. La remarque semble tellement stupide que plusieurs mères soufflent, énervées. L'une d'elles rétorque immédiatement : N'importe quoi ! Depuis quand on ne donne pas de sucreries aux enfants ? La dame patronnesse préfère la boucler et bat en retraite pour refaire du café. La petite Brandy, elle, n'a même pas daigné lever les yeux de ses chips.

Les conversations reprennent. Au fil des mois, une intimité forcée s'est créée, tout le monde connaît la vie de tout le monde, tout se sait, les malheurs s'étalent. On s'embrasse, on prend des nouvelles, on raconte sa vie, l'argent, le travail et les enfants. Des épouses et des mères fécondes. Elles sont tenues par les liens du sang. Le sang fertile s'écoule doucement. Une enfilade d'enfants et de parloirs.

Je fais la bise à certaines, je discute, mais je reste à part. Ilich n'est pas de ma famille, je viens là pour « mon plaisir », je n'ai aucune de leurs obligations. Pas de sacs de linge sale, de virement bancaire mensuel sur le compte du détenu, de correspondance sans fin avec l'administration pénitentiaire, juste des livres et des colis pour Noël. Certaines m'ont vue dans des documentaires et ce statut les fait osciller entre la curiosité et la méfiance.

Toutes les semaines, c'est le bureau des pleurs et des conseils. Des stratégies lumineuses et compliquées s'élaborent. Chacune y va de ses trouvailles dont elle fait profiter l'assemblée. Les femmes discutent, suffisamment fort pour que toute la salle puisse entendre.

A. vient voir son mari, il a pris quinze ans pour un braquage et a déjà purgé plus de la moitié de la peine. Elle voudrait obtenir une libération conditionnelle, mais ses demandes sont systématiquement refusées. On la rabroue.

— Ici, c'est même pas la peine de demander une conditionnelle, t'auras rien, ils refusent tout. Il faut d'abord se faire transférer ailleurs et ensuite tu pourras réclamer. Pour avoir un transfert, c'est malheureux, mais on est obligé de faire un blocage, de se faire envoyer au mitard et à la fin, ils finissent par accepter le transfert.

Et toute la salle acquiesce, devant cette manigance pleine de bon sens. Des stratégies plissées et tordues qui changent sans cesse, s'adaptent, se dégonflent parfois avant même d'être sorties de leurs cervelles. À chacune sa petite sauce. Aussi loin que leur œil peut porter, dès qu'une opportunité se présente, elles la saisissent. « Bénies soient les femmes de détenus », semble murmurer l'assemblée.

Le mari de B. a étranglé deux prostituées. Il a pris perpète. Elle est dégoûtée, l'enquête a été faite uniquement à charge. Il y a des types qui font bien pire et ils ne prennent que trente ans, avec la remise de peine, ils vont faire quinze ans et c'est tout. Le sien, il n'obtiendra jamais rien. Elle a demandé une remise de sa peine de sûreté pour la faire passer de dix-huit ans à quinze ans, mais il faut fournir une tonne de papiers, il faut aller voir un psychiatre, tu imagines ça ? Voir un psychiatre ! Elle, si elle met les pieds chez le psychiatre, il va la déclarer folle tout de suite, et attention, s'il la cherche, elle promet de lui cracher dessus ou de le frapper.

Les femmes hochent la tête en signe de compréhension, effectivement aller voir un psychiatre est une très mauvaise idée, ces gens-là sont capables de tout.

Alors, comme tout le monde, la femme de B. attend. Toutes se vivent comme les victimes d'un système qui les maltraite et les humilie. Impossible pour elle de penser aux autres, les vraies victimes. Celles-là ne sont jamais évoquées. Entièrement centrées sur leurs hommes, elles ont assez à faire avec eux, toute la compassion disponible leur est consacrée.

Une autre se plaint de la santé de son fils. Condamné pour un double homicide, c'est un « Farançi ». Obèse avec une déformation de la hanche, il souffre du dos et ne dort pas de la nuit, allongé sur son lit de métal avec un minuscule matelas en mousse. Le médecin lui a dit « Allez, allez, ça va ! » : ensuite, le médecin a vu le matelas et là, il n'a plus rien osé dire. Non mais quand même !

Les remarques fusent de tous les côtés :

— Ici, quand t'es malade, il faut faire une lettre et on te reçoit deux mois après.

— Si on pouvait apporter des colis de nourriture, ce serait déjà un peu mieux.

— Oui, mais va dire ça aux matons, ça les ferait bosser quatre heures par jour au lieu de deux.

Chacune y va de ses histoires horribles, ensuite commentées à l'infini et impossibles à vérifier. Le scandale du moment est un détenu malade resté couché trois jours puis mort parce que personne ne l'aurait emmené à l'hôpital.

L'haleine fétide de toutes ces enfilades d'années. L'ennui qui leur ronge la moelle, vide la tête. Seuls les rêves restent nets, propres. Il faut que leurs hommes soient contents, soulagés de leurs misères. Cette idée fixe ne leur lâche pas le cerveau.

Au moment de partir pour le parloir, une dizaine de flics débarque avec un molosse en laisse, « on va faire un contrôle, alors si vous avez caché des objets, dites-le tout de suite, ça ira plus vite ! »

Ces fouilles sont rares, la plupart du temps tout le monde parvient à faire entrer tranquillement de la nourriture, de la drogue ou des téléphones. Il faut juste se remplir les vêtements et le corps de sachets, de boulettes, de sacs bien fermés. Quelques rares prisons ont des systèmes de scanners. Pour les autres, chaque visite amène son lot d'objets divers. Comme des caddies ambulants.

L'assemblée bruisse de colère car ce temps de fouille sera pris sur le parloir. Des jeunes filles en niqab s'insurgent. Elles crient. Le Coran assure que les chiens sont impurs. Cette sale bête va les toucher et elles seront souillées, il faudra refaire des ablutions et bien sûr tout ce temps ne sera pas récupéré ! Les flics leur parlent tout doucement, comme à des enfants : On fera attention qu'ils ne vous touchent pas, vous passerez en premier pour avoir du temps.

Nous y allons deux par deux. Immobiles contre le mur pendant que le cerbère nous renifle à hauteur du sexe. Les chiens sont une de mes terreurs, j'en reste le souffle coupé. On nous pousse ensuite dans une salle attenante. Nous patientons en sous-vêtements. Une matonne nous fouille au corps, elle prend son temps, palpe longuement partout, sous les pieds, entre les orteils, la doublure des vêtements, le soutien-gorge. Ces recherches sont souvent infructueuses car la plupart des objets sont cachés dans l'anus, mais il y a tout de même quelques trouvailles.

La fille à côté de moi, une métisse d'une trentaine d'années, vient chaque semaine visiter son mari qui a pris dix ans pour du trafic. Grande, costaude, la repartie facile, elle a dissimulé des sandwichs au thon dans son soutien-gorge, le pain soigneusement enrobé de plusieurs couches de film plastique. Le ton monte immédiatement :

— Vous savez très bien que vous avez pas le droit, pourquoi vous le dites pas quand je demande si vous avez caché des choses ?

— C'est que de la bouffe, ça va, c'est bon ! Vas-y, deux pauvres sandwichs, c'est pas la mort, non plus !

Elle semble mourir d'envie de pousser la gardienne contre le mur. Pour contenir son geste de rage, elle reprend violemment ses vêtements posés sur une chaise et entreprend de se rhabiller, décidant elle-même que la fouille est terminée.

— Vous savez très bien que c'est interdit et maintenant, les chiens vont devoir revenir !

La fille se mure dans le silence. La matonne découpe les sandwichs, les inspecte puis ramène le chien pour vérifier qu'il n'y a pas de drogue dedans. Et le molosse reste là, immobile et muet. On nous fait sortir.

À l'extérieur de la petite salle, l'ambiance dégénère. Une rumeur se répand : la fin du parloir va être décalée.

Tout le monde crie, seules les deux dames patronnesses restent imperturbables, vieilles et mutiques.

Le chien effleure par mégarde plusieurs visiteuses. Les voilà impures. Allah, qui semble sommé de participer au débat, ne daigne pas se manifester. Une veine bleue palpite sur la tempe de la surveillante. Les portes claquent. Des sifflements dans les systèmes d'aération. Les discussions n'en finissent pas. La présence d'un chien est vue comme une provocation. Allah par-ci, Allah par-là. La pureté islamique vole au-dessus de nos têtes, inaccessible et majestueuse.

On commente longuement l'absence inattendue de l'épouse d'un détenu. Alors qu'elle ne manque jamais un parloir, elle n'est curieusement pas venue aujourd'hui. On la suspecte immédiatement d'avoir été prévenue par des indics de la fouille du jour. « Comme par hasard ! C'est vraiment chelou », répète-t-on à l'infini, puis le doute finit par devenir une quasi-certitude, « elle le savait ! » Je ferme les yeux. Seules les odeurs demeurent. L'animal, la sueur, le béton. Et les récriminations.

— La matonne m'a fait enlever ma chemise. Qu'est-ce qu'elle s'imagine ? Que j'ai caché une bouteille de whisky dans mon soutien-gorge ?

— C'est obligé qu'il y ait des fouilles parce qu'il y en a qui font passer des bouteilles de whisky. Il y a plein de bouteilles. Et si on les fait entrer par les matons, il faut les payer au moins le double du prix.

— Ah mais moi, je sais pas combien ça coûte une bouteille de whisky, on en achète pas !

— La grosse, elle a trouvé des Twix dans ma veste, elle m'a dit : vos Twix, là, vous pouvez pas les garder, mangez-les ! Je lui ai dit : qu'est-ce que vous croyez ? Que j'ai pas d'argent pour m'en acheter d'autres ? ! Je lui ai lancé à la gueule ses Twix de merde.

Figée au milieu des vociférations et des bouteilles de whisky imaginaires, je fais rouler un caillou sous ma botte pour tuer le temps. Au fond du lavabo des sanitaires, l'eau visqueuse stagne. Jetée à la sauvette, une boulette de cannabis surnage, triomphante.

La fouille terminée, on nous emmène enfin au parloir. Nous nous pressons en grappes compactes et désarticulées devant la porte d'où vont surgir les détenus.

Notre petite foule se reflète sur les vitres des distributeurs de Snickers. On se plaint. C'est une habitude, le temps, l'attente, la vie, rien ne va. Souvent les enfants s'amusent à deviner dans quel ordre leur père ou oncle va arriver, ce sera le numéro 3 ! Non le numéro 1 ! Et ils parient, se poussent, chahutent. Finalement les détenus passent la porte un par un. Embrassades, baisers, accolades pieuses.

Et tout de suite, on se jette sur les distributeurs. Les canettes et sachets de barres chocolatées tombent en rafales. Aujourd'hui, le retard a mis tout le monde sur les nerfs et le parloir ne bruisse que de cette affaire. Un détenu raconte très fort qu'on lui a annoncé que les familles ne venaient pas, mais sans expliquer pourquoi. Il a rétorqué : ma femme, depuis six ans tous les week-ends, elle est dans sa voiture à 6 heures du matin, donc si elle est pas là, c'est qu'elle est morte. La femme raconte, elle aussi, sa version de l'histoire, chacune de ses phrases débute par « mon mari ». Et cette injonction semble se suffire à elle-même : mon mari, mon mari !

La tension retombe peu à peu, le petit théâtre de Poissy se remet en place. Les gardiens antillais s'enferment dans leur cage. Victorieux. Ils sont chez eux, en leur domaine.

Ilich arrive toujours en dernier, nettement après tout le monde, j'attends seule environ dix minutes à chaque fois alors que toutes les familles ont déjà retrouvé leur détenu. Un jour où il tardait encore davantage, j'ai interrogé un maton sur la raison de ces retards systématiques. Il m'a expliqué que c'était volontaire. Ilich met un point d'honneur à quitter sa cellule après tout le monde. Il ne vient pas avec la foule, avec le tout-venant. Il se fait attendre.

Cette pensée m'amuse. La mise en scène est tellement prévisible. Régulièrement, les passants s'enquièrent de ma situation : qu'est-ce qui se passe avec Carlos ? Pourquoi il ne vient pas ?

Un gitan me questionne timidement :

— Vous êtes venue voir la Bête ?

Je souris.

— C'est votre père ?

— Non, non.

— Ah, parce qu'on a vu un reportage sur lui aux informations et comme vous venez souvent, on pensait que vous étiez sa fille.

— Non, elle habite en Allemagne.

— Et vous, vous êtes d'où ?

— De Paris.

— Ah, on pensait que vous veniez de l'étranger, vous n'êtes pas sa fille alors ? insiste-t-il, déçu.

Et soudain, voilà Ilich. Il jette des regards autour de lui, comme pour la montée des marches à Cannes, ne manquent que les flashs et les selfies de la foule en délire. Une chemise de lin beige, un foulard de soie autour du cou, il fait le coq.

Toujours très « chic », comme il dit. Des vêtements bien coupés, de parfaite qualité, le style est plutôt démodé, certains semblent avoir facilement trente ans, mais tout vient des meilleures boutiques. Il est plein d'assurance. Une fine moustache impeccablement taillée qui souligne sa lèvre supérieure, un demi-centimètre, jamais davantage et sur le menton une pointe de barbe, grosse comme un pois. Il salue tout le monde. Le ventre rebondi, il fixe les friandises qui semblent le narguer. Des manières de dandy et des journées de misère.

Les visites l'enchantent, quelles qu'elles soient. Elles illuminent ses semaines. Je n'ai pas eu de parloir depuis vingt jours, m'annonce-t-il immédiatement. Tu as de la monnaie ?

À la machine à café, au début, il veillait à ce que nous soyons égaux dans les paiements pour ne pas donner l'impression que je lui offrais ses consommations. Ce temps-là est révolu depuis longtemps. Dès que j'arrive, il récupère toutes mes pièces et s'octroie une provision de gâteaux et sucreries. Les détenus se moquent, passent leur main sur son ventre proéminent :

— Carlos, tu as vu ton bide ! Il faut que tu fasses du sport !

Il sourit en engloutissant ses gâteaux. Comme possédé par la gourmandise, il se justifie, la bouche pleine : il voulait faire du cyclisme, car il est très bon à vélo, mais techniquement les vélos d'ici ne sont pas au niveau.

L'un des détenus, un Algérien goguenard, lui répond ironiquement « mais oui, bien sûr ! », et il imite Ilich en train de pédaler les joues gonflées de gâteaux. Tout le monde rit.

Cet Algérien a tué sa femme. Elle lui faisait la misère, alors forcément il s'est énervé et l'a étranglée. Très baraqué, toujours souriant, il se promène désormais au bras de sa nouvelle épouse. Elle vient de sa cité, ils se sont mariés discrètement il y a deux mois, personne ne le sait, même pas leur famille. Ilich était le témoin.

La jeune femme est une gravure de mode. Grande, très élégante, constamment perchée sur des talons de dix centimètres, des vêtements courts et moulants. Une fille comme ça, ici, paraît irréelle, on la toucherait presque du doigt pour vérifier qu'elle existe. Une sucrerie ambulante. Les détenus doivent se contenter de regarder. Ilich m'assure que les putes ne viennent pas en parloir car les gars sont de pauvres types sans le sou. Il existe des systèmes de petites annonces, mais les filles qui débarquent sont assez misérables. La femme de l'Algérien, elle, fait sensation. Dès qu'il l'aperçoit, Ilich ne tient plus en place :

— Madame, si vous voulez que je vous débarrasse de votre mari, il faut me le dire ! Et quand vous serez veuve, je connais quelqu'un de très bien, un vrai mec sur qui vous pourrez compter, un homme solide, pas comme certaines chiffes molles.

— Ah, oui, je vois le genre.

Elle lui sourit. Un des matons passe, Ilich exécute un petit pas de danse et lui désigne la jeune fille en disant :

— Je vous présente ma fiancée.

Puis se tournant vers la jeune femme :

— Vous savez que votre mari joue avec moi au théâtre ? On répète *Cyrano de Bergerac*, mais dans la pièce, je le trouve plus riche et intelligent qu'en réalité.

— Oui, il me dit que le cours de théâtre commence à 8 h 30 et qu'il ne veut pas se lever si tôt. J'essaye de le convaincre !

— J'ai besoin de lui pour la pièce, mais après la représentation, je pourrai vous en débarrasser sans problème.

— Ah oui, vraiment ? Je vais y réfléchir.

Et elle s'éloigne en riant. Ilich a perdu son auditoire, mais ne se résigne pas si facilement. Il se retourne pour voir qui est encore là et coup de chance, voilà « Oussama » !

Ce détenu est ainsi surnommé car ses vêtements semblent s'inspirer de la tenue traditionnelle afghane.

Oussama propose à la cantonade des jus de fruits ou des cafés. Tout le monde décline et il rejoint seul le distributeur de boissons. Ilich se sent visiblement d'humeur à assurer le spectacle. Il désigne Oussama du menton et se rapproche d'un couple :

— Lui, avant, il était flic en Tunisie, il surveillait la circulation habillé en uniforme. Quand il est arrivé en France, il s'est islamisé et a torturé ses enfants à qui il reprochait d'être de mauvais musulmans. En Tunisie, personne ne s'habille comme ça, c'est n'importe quoi ces manières, c'est à cause de tous ces tarés de djihadistes. Ces trucs, il n'y a qu'au Yémen qu'on les porte.

L'occasion est trop belle, Ilich se met alors en tête de raconter « son » Yémen : Moi, quand je combattais à Sanaa, je portais un poignard ici, regardez ! Et il nous mime le port du couteau sur sa cuisse droite.

— À l'époque, je ne parlais pas très bien arabe, alors, pour ne pas être repéré, je racontais que je travaillais pour les Russes.

— Et tu parles russe ?

— Oui, bien sûr.

Le couple boit ses paroles, fasciné.

— Je passais des kalachnikovs dans des voitures, on avait des bases dans tout le pays. Personne ne m'emmerdait. Je m'en souviens comme si c'était hier.

Ilich jouit de son petit effet. Nul ne cherche à comprendre ce qu'il faisait au Yémen, le mot kalachnikov suffit à faire rêver.

Oussama s'éloigne sans bruit, j'ignore s'il a entendu la conversation. Au parloir suivant, sa femme, invariablement voilée de noir et gantée, est accueillie par une rose. La provenance de ces fleurs demeure un vaste mystère pour moi. Un de leurs fils est là aussi, petite barbe d'intégriste et jogging remonté comme les disciples du Prophète. Il ne décroche jamais un mot et ne répond pas aux salutations.

Ce jour-là, Oussama vient demander conseil à Ilich : deux de ses enfants sont partis faire le djihad, il n'était pas au courant et les imaginait en vacances. Le gouvernement l'a prévenu qu'ils se trouvaient en Syrie et en Irak, comment peuvent-ils savoir ça ?

Ilich : Mais les services de renseignement ont des informations ! Ils vont se faire tuer tes fils.

Oussama : On leur a dit, mais ils n'écoutent pas.

Ilich : Ils vont devenir de la chair à canon.

Oussama : C'est comme ça ! Qu'est-ce qu'on peut y faire ?...

Ilich semble réellement triste pour Oussama et ses fils, bien davantage que lorsqu'il évoque le sort de ses propres combattants. Ou de ses victimes.

La dernière fois que j'ai vu Oussama, son épouse était venue seule. Il avait appris que leur dernier fils s'apprêtait à partir en Syrie et avait appelé le numéro vert mis en place par le gouvernement pour le dénoncer. Il ne voulait pas que son garçon aille là-bas, il devait rester pour aider sa mère à porter les courses. Son benjamin était désormais emprisonné à Nanterre et Oussama espérait le voir rapidement libéré.

Je n'ai plus revu Oussama, il a dû être transféré. Où sont ses fils désormais ? Sans doute perdus dans le fracas du monde. Je fixe les auréoles grasses au plafond. Comme des minuscules poignées d'hommes.

Un gitan, taillé comme une armoire à glace, stoppe nos circonvolutions. Une cinquantaine d'années, chauve et tatoué, il vient quémander une faveur : Carlos, ma femme voudrait un autographe de toi. Tu pourrais lui faire ça ? Une blonde peroxydée nous sourit. Talons aiguilles et minijupe, le visage marqué par l'alcool, elle minaude, visiblement impressionnée : Oui, s'il vous plaît ! Ilich jubile. Sa légende avance, centimètre par centimètre, et nul ne doit être négligé. Je déchire une page de mon carnet pour qu'il la signe. Ilich s'applique et tend la précieuse relique. Merci, c'est super ! La femme, ravie, repart en tripotant l'autographe.

Une vingtaine de mètres plus loin, elle rejoint un autre couple de gitans. Des habitués du parloir. La femme, une autre blonde peroxydée, vient toutes les semaines, emmène parfois les enfants. Le visage rouge, comme tanné. La chair de son ventre comprimée dans une minijupe. Des claquettes. Des tatouages plein les bras. Une vie en caravane. Mille métiers et mille misères. Son homme a pris dix ans pour un braquage. Ilich leur propose un café, ils déclinent. Dépité, il force alors la conversation.

Ilich : Vous êtes des voleurs de poules et des violeurs de poules !

Et il rit, tout content de son bon mot.

Gitan : Ah non ! Nous, on vole mais on ne viole pas. Pas de ça chez les gitans, pas de violeurs, pas de pédophiles, pas de pédés.

Ilich : Il y en a sûrement !

Gitan : Il y en a peut-être, mais heureusement ils se cachent.

Ilich : Vous êtes quand même des voleurs de poules.

Gitan : Il vaut mieux voler des poules que poser des bombes qui tuent des enfants, non ?

Ilich fait mine de ne pas entendre. Un nouvel interlocuteur arrive. Petit et rondouillard, visiblement de la même famille, il se joint au groupe. On fête sa sortie du mitard, il a fait dix jours pour un téléphone. Trois de ses enfants sont venus lui rendre visite, il s'en montre très satisfait. Son fils s'était fait attraper par les flics, mais heureusement, il n'a rien balancé et il a fait seulement trois mois de taule. Maintenant, il travaille avec un de ses cousins. Ce cousin avait passé l'examen de gendarme, mais il a arrêté pour ouvrir un garage de ferraille, ça rapporte plus. Gendarme, tu gagnes mille cinq cents euros maximum !

Une approbation générale parcourt la petite assemblée, pour mille cinq cents euros, ça ne vaut vraiment pas le coup. Ilich semble contrarié de voir cette conversation se poursuivre sans lui. À brûle-pourpoint, il se lance alors dans un cours d'histoire improvisé et explique au groupe de gitans, qui n'ont rien demandé, d'où vient l'expression « voleur de poules ». Ses phrases compliquées et son accent rendent l'exposé difficilement compréhensible, mais personne n'ose l'interrompre : vers 1500, la Turquie avait envahi la Roumanie, les Roms dépendaient des seigneurs, ils n'avaient pas le droit de travailler. C'était la misère et ils étaient forcés de vivre de rapine. C'est comme cela que ça a commencé !

Et tout le monde hoche la tête d'un air grave et absorbé.

Plus loin, des Caribéens hirsutes nous frôlent, les yeux rouges explosés par la marijuana et les médicaments. Ici, la misère apprend vite aux ambitieux. Un univers grouillant de détenus qui se défoncent aux cachetons, se menacent, s'insultent. Les gens sont presque toujours les mêmes. Des matons noirs et des détenus arabes. Ainsi passent les jours à la Centrale.

Le petit monde de Poissy. Ilich me répète que je ne vois que le dessus du panier. Une quarantaine de familles, les privilégiés qui ont des femmes, des visites, de l'argent. Ici, il faut savoir se débrouiller, sinon tu crèves comme un chien.

Ces prisonniers sans envergure sont sa seule compagnie. Il leur en veut d'être là. Il lui suffit d'un coup d'œil pour comprendre qu'ils ne sont pas dignes d'être enfermés à ses côtés. La prison devrait être réservée aux vrais hors-la-loi. Eux sont des pauvres gars victimes de leur histoire et de leur manque d'éducation.

Ilich juge leurs peines trop lourdes et considère leurs trajectoires avec indulgence. À l'écouter, rien n'est vraiment réel chez eux. Leurs victimes, leurs actions, le sang versé, tout cela demeure une chimère en arrière-fond. Le seul seigneur de la Centrale, c'est lui.

Ilich et moi - acte 3

Les mois ont passé. En mars 2017, les contrats du documentaire et du livre se signent. Les jours de bonne entente et de petites discussions tranquilles sont désormais comptés. Je vais devoir commencer à raconter qui fut Ilich. Le jeune révolutionnaire bolchevique et le salaud.

Au pas cadencé, les matons et les détenus. Les litres de boissons chaudes des gobelets en plastique. J'avale à petites gorgées. Impossible de continuer plus longtemps à regarder ailleurs. Comme pour reculer le moment de retourner dans le box. La chaleur, les odeurs d'égouts et les reflets vitreux autour de nous.

Je lui annonce que j'ai signé avec France 2. Il est à la fois flatté et furieux. Des gens vont se faire du fric sur son dos, des montagnes de fric. France 2 va vendre le documentaire dans le monde entier, ce sera un triomphe et il n'y aura rien pour lui, c'est vraiment des charognards !

Un samedi, il m'accueille à grands cris d'exaspération : son imprimante est cassée. Cette panne devient sa principale préoccupation pendant des mois, il me rabâche cette histoire. Il avait plusieurs personnes en vue pour lui en procurer une neuve, mais ses exigences sont délirantes : l'appareil doit impérativement être une Canon car c'est la meilleure marque, tout le monde le sait. Ensuite, il faut l'acheter à la Fnac, qui est le meilleur magasin. Persuadé que le monde n'a pas changé, il a gardé les mêmes critères de choix qu'en 1974, avant son entrée dans la clandestinité. Ajouté à cela le fait que l'imprimante ne doit pas comporter de système wifi, désormais interdit en prison, l'équation est en réalité impossible et les quelques volontaires jettent l'éponge.

Rien n'aboutit comme Ilich l'avait pensé, cela devient obsessionnel : on l'empêche de travailler, alors qu'il a tant de choses à faire, c'est un désastre ! Il a le sentiment d'être un animal pris au piège. Finalement, une idée de génie germe dans son esprit : puisque France 2 va gagner des millions sur son dos, France 2 doit lui acheter une imprimante neuve. C'est la moindre des choses. J'explique que cela n'a aucun sens, que ce n'est même pas la peine d'adresser ce genre de demande.

Il se met à hurler : Alors arrête tout ! Tu les appelles, et tu leur dis que j'arrête tout, j'arrête tout, ils se foutent de ma gueule. On va aller faire un documentaire avec la Russie et le Venezuela. Eux, ils vont payer, tu vas voir. Ce n'est pas possible de se foutre de ma gueule comme ça. Je déteste qu'on se foute de ma gueule !

La crise dure quinze minutes. Il crève ici, alors que les huiles de France Télévisions se soûlent de champagne, se gobergent de caviar gagné sur son dos. Il enrage d'impuissance, totalement impossible à raisonner. On lui refuse même ça ! Une imprimante ! Un misérable pourboire, une croquette qu'on lancerait du bout des doigts à un chien pour qu'il la boucle. Une misère. Je reste assise, muette. Un flot d'invectives décousues se répand, prêt à remplir intégralement le box. Il me semble que je vais disparaître, noyée. J'attends. Les minutes se déforment dans cette crise de delirium.

Il m'exaspère souverainement, il ne comprend rien au monde. Je porte les mains à mes oreilles. Impossible de rejoindre la gare maintenant. La prochaine sortie est dans deux heures. Le bruit de la pluie recouvre tout.

Trente minutes plus tard, le calme est revenu. Ilich me demande si j'ai une solution pour cette histoire d'imprimante. Les Russes et les Vénézuéliens semblent avoir abandonné la partie. Je propose de chercher une Canon d'occasion sur le Bon Coin. Ces scènes régulières me hachent les nerfs, une litanie de récriminations derrière les fenêtres grises.

En rentrant, je raconte cela à mon mari qui s'indigne : Mais pourquoi est-ce que tu ne lui dis pas « merde » ? Et je me tais, comme stupéfaite devant cette question à laquelle aucune réponse ne me vient. Je redoute d'affronter les mois qui s'annoncent, d'écrire la vérité brute. Les traces sanglantes jaillies de son cerveau. J'arrive au bout de ma quête. Voilà. Et inutile d'espérer faire un pas de côté.

En quatre ans, je ne suis plus si loin des femmes dociles de la salle d'attente, je n'apporte pas de sac de linge, mais je plie la nuque. À force d'essayer de comprendre comment on pouvait « être Carlos », de vouloir sonder l'âme humaine dans ce qu'elle a de plus noir, je me suis laissé happer. Je l'ai laissé instaurer une forme d'emprise sur moi. J'ai dorénavant une conduite absurde, je me sens des devoirs à son égard. Je reste sidérée par son humanité dans ce qu'elle a de monstrueux et de touchant. Une humanité difforme. Je me surprends à être incapable de réaction.

Quand il crie, instantanément, la seule pensée claire qui me vient est « pauvre Magdalena ! » J'ai beaucoup de peine pour cette femme, sa campagne durant quinze ans. Une peine infinie, anormale. Une sensation physique d'écrasement que je reconnais parfaitement. Les yeux clos en attendant qu'en face de moi la fureur retombe, je me tais. Je redeviens la femme que j'ai été il y a une quinzaine d'années, dans une vie antérieure, et que je pensais avoir laissée derrière moi. Une femme docile qui attend. Celle qui est demeurée des années sous l'emprise d'un homme qui lui hurlait dessus. Je fixe le plafond du parloir, les formes aigres des auréoles d'humidité. Dans mon esprit, s'étalent de larges taches.

J'ignore ce que j'ai conservé de toutes ces années d'avant. Des histoires insignifiantes qui ne pèsent rien. Une sensation diffuse de malheur toujours prêt à s'abattre contre mon cou. Le flot épais de toutes ces nuits, couchée à ses côtés. Il suffit que je ferme les yeux et mes souvenirs se répandent. Ils tiennent en quelques lignes. Ces milliers de journées qui remontent et me frappent l'estomac par à-coups. Je revois comme on vomit ces jours où je suis restée comme morte à moi-même. Ces heures demeurées au fond de ma gorge. Je me suis faite à tout. Chaque nuit, en pensée, je refaisais les mêmes geste de fuite. Puis, un matin, j'ai pris mon fils et j'ai laissé un mot sur la table.

Les années passées se sont condensées. Il me semble que l'air du dehors a clos ma bouche. Seule demeure aujourd'hui la crasse. Le bruit. Quelques tentatives avortées. Et ainsi *ad nauseam*. Je reste muette à me demander si le pli de me faire crier dessus m'est resté.

Flap flap, le bruit sourd des pas contre le béton. Toujours le même. Des femmes qui s'adossent les unes aux autres. Un parloir de l'hiver 2017, lorsque j'entre dans la salle d'attente, deux filles discutent à haute voix. L'une d'elles, qui vient chaque semaine, est assise, la mise défaite. Elle vient d'apprendre que son mec reçoit les visites régulières d'une autre fille de sa cité. C'est une femme de détenu qui, prise de pitié, lui a vendu la mèche. Ce matin, après avoir appris la nouvelle, elle a téléphoné à son mec. Il a hurlé : Je vais t'enculer ta mère au parloir ! Tout le monde se tait. La fille est accablée. Elle a tout quitté pour le suivre ici. Avant, elle habitait Nice et lui rendait visite chaque mois, mais les frais d'avion et d'hôtel étaient si importants qu'elle a préféré arrêter ses études pour déménager en région parisienne. Elle a lâché son studio niçois à cent cinquante euros, ici elle paye six cent cinquante euros. Elle travaille et vient à la Centrale tous les week-ends.

« Ah, les hommes ! » semble souffler la salle tout entière pétrie de compassion. L'assemblée hoche la tête d'un air entendu, les hommes c'est comme ça. C'est la destinée ! Personne n'envisage qu'elle puisse le quitter. Une autre tente de la réconforter et relate ses propres malheurs : avant, elle venait tous les vendredis, puis à cause d'un problème au boulot, elle a voulu décaler les parloirs au dimanche. Quand elle a appelé le maton pour réserver, il a refusé : « Ah non, c'est pris, tous les dimanches sont réservés. » Elle a dit : « Comment ça, c'est pris ? », « Oui, c'est pris, arrangez-vous avec la dame qui vient ». Putain, il y avait une autre fille qui venait tous les dimanches ! Son cœur s'est arrêté. Elle n'est pas venue pendant quatre mois pour que son mec comprenne la leçon et finalement la daronne, elle a dégagé. Et voilà la solution, il faut baisser la tête et tenir bon !

Quelques minutes plus tard, lorsque nous rejoignons les détenus, la fille trompée retrouve son mec. Il l'attend d'un air courroucé et la pousse d'un violent coup dans le dos. La main rebondit sèchement sur sa colonne vertébrale.

Elle reste muette, son corps semble encaisser le coup sans rien dire. Il hurle : « Rentre dans la cabine ! » Elle s'exécute tout en continuant discrètement d'observer par l'entrebâillement de la porte. Mais putain, elle est sourde ou quoi ? Il lui a dit d'attendre à l'intérieur ! Qu'elle reste dans la cabine !

Il s'en prend ensuite à la femme qui l'a dénoncé. C'est elle qui a fouiné et causé des problèmes. Il va lui défoncer la tête si elle recommence. Il est enfermé depuis dix ans et il couche avec quinze meufs s'il veut ! Ceux qui se mêlent de son couple, il les détruit ! Ça leur apprendra à nettoyer leur merde devant chez eux. Tout le monde se tait, attendant que l'orage passe. La fille capitule, rejoignant les essaims d'épouses dociles immobiles sur leurs chaises en plastique.

J'enquille les visites toutes les quatre semaines. Les détenus fatigués et les matons craintifs. À chaque départ, Ilich me tend ses petits papiers de convocation et ses bouteilles entamées d'eau minérale. La file des femmes fidèles qui rejoignent la sortie, se retournent une dernière fois pour effleurer de leurs bouches closes l'air irrespirable du malheur. Je voudrais qu'elles dégagent, je voudrais ne jamais les avoir vues. Combien de temps a-t-il fallu pour me dessiller les yeux ?

Les femmes

En juillet 2017, le tournage du documentaire commence. Les vingt-cinq ans de « carrière » d'Ilich deviennent des découpages de séquences, de synopsis, de chapitres, des interviews d'historiens, d'avocats, de flics, de juges. Le Carlos dont ils se souviennent était traqué et mégalomane. Encore aujourd'hui, la plupart lui vouent un mépris mal dissimulé. L'incompréhension domine. Ce type a eu tellement de chance qu'il en est indécent, il aurait dû finir avec une balle dans la tête. On nous rapporte aussi des on-dit, des rumeurs, des racontars. La légende Carlos rend tout le monde bavard et imaginatif. Ilich, quant à lui, se garde bien de me demander des nouvelles, comme s'il craignait confusément ce que je pourrais découvrir.

Je me rends désormais en parloir le vendredi au lieu du samedi. Moins de monde, de cris, de drogue, même si le décor reste rude. Quelques journées passées ici suffisent à comprendre pourquoi nous avons l'un des taux de récidive les plus élevés d'Europe. Les détenus, pour la plupart déjà peu éduqués et violents, restent enfermés dix ou quinze ans sous cachets et drogues, à regarder du porno et jouer à des jeux vidéo toute la journée. Nul besoin d'être devin pour savoir qu'à leur sortie, ils vont se prendre le mur et que la société paiera cher ces années d'emprisonnement sans humanité.

Ilich donne parfois mon numéro à des familles. Je me souviens de l'appel d'une femme fin 2017. Je travaille vraiment à la télé ? Oui, oui. Elle veut me voir, c'est pour son frère, il faut que je fasse quelque chose pour qu'il sorte. Elle m'affirme qu'il est enfermé depuis trente-six ans, avale vingt-cinq comprimés par jour, et maintenant, à cause des cachets, il est comme une bête. Alors la solution, c'est que je fasse un reportage. Parce que sinon, elle, personne ne l'écoute. Il y a des gens qui ont fait pire que son frère et qui sont déjà sortis. Des tas de gens ! Je lui dis que je serai à Poissy le vendredi suivant. Elle va s'arranger.

Le jour du parloir, elle reconnaît Ilich et s'avance immédiatement vers moi. Alors voilà, j'ai amené mon frère ! Et elle désigne un monsieur d'une soixantaine d'années, assis sur un banc, l'air hagard, comme lobotomisé, un regard d'animal.

Je reste stupéfaite, la sœur parle sans s'arrêter. Il faut s'occuper de lui pour qu'il sorte et qu'il aille dans un foyer. Je dois faire un reportage ! Elle agite mon coude en répétant que je suis sa dernière chance, me serine à quel point elle est contente de m'avoir rencontrée.

J'acquiesce faiblement. La discussion tourne court. Je ne cherche même pas à vérifier ce qu'elle me dit. Son frère croupit, le regard dans le vide, incapable de réaction. Et pourquoi prenez-vous des médicaments, monsieur ? Il détourne ses yeux creux. La sœur parle comme s'il n'était pas là : il a été condamné pour crime de sang. Il a pris perpétuité, mais perpétuité normalement ça n'existe pas ! Ça fait trente-six ans, alors il devrait être sorti depuis longtemps. Un sourire de fou tord sa figure, il se fige dans les plis de notre conversation inutile. Je ne vois que sa misère et ses yeux exorbités. Se souvient-il de son premier cachet ?

La sœur veut savoir ce que je compte faire comme reportage. À la télé ou alors je vais écrire dans les journaux ? Je marmonne une réponse incompréhensible et je m'efforce de poser quelques questions : Que dit la prison ? Que font les services sociaux ? L'assistante sociale ne lui donne aucune réponse. Lorsqu'elle appelle, on lui dit : ça suit son cours, ça suit son cours. Toujours pareil. Je note le numéro du service social. Je ne me sens pas la force d'expliquer que je ne peux pas faire grand-chose et que je n'en peux plus de la prison.

Elle est déçue, je ne lui semble pas très efficace. Elle pensait me voir arriver armée d'une baguette magique qui la vengerait des centaines de milliers de comprimés que l'on a fait ingurgiter à son frère. Je rejoins l'assistante sociale dans la catégorie des inutiles. Lâchement, je regagne mon box et ses familières odeurs de haschich. Misérablement, je ne ferai rien, je n'appellerai personne, je m'efforcerai juste d'arrêter de penser à ce type. Et à tous les autres.

Le défilé des habitués reprend. « Le haut du panier », comme dit Ilich. Ceux qui gardent la tête hors de l'eau. Ceux qui ont les visites d'une femme, d'une sœur, d'une mère. Chaque mois, on me demande pourquoi je ne suis pas venue depuis si longtemps. Alors tu étais où ? Tu ne viens plus dire bonjour au Parrain ? Pourquoi tu n'apportes rien ? Carlos est très respecté ici, tu pourrais faire rentrer tout ce que tu veux, on ne te ferait pas d'histoire. Et moitié pour rire, moitié sérieusement, on me demande d'apporter du Viagra. Le comprimé se vend trente euros. Les gars les achètent par plaquettes de cinq, c'est un business inépuisable. Et tout le monde y va de son anecdote. Un instant, je ne vois plus que leurs bouches qui se répandent en paroles absurdes, durcies par la misère. Ilich, lui aussi, raconte en avoir pris une fois pour essayer, eh bien il a failli faire un malaise cardiaque. Un autre se vante : Moi, je ne te dis pas l'effet. Le détenu tape sur le mur avec son poing pour me montrer, toc, toc ! Dur comme ça, pendant vingt-quatre heures. Tout le monde en avale ici, enfin surtout pour les parloirs quand les femmes viennent. Heureusement qu'elles viennent, hein !

Les femmes. Les femmes. Les femmes. Absentes et omniprésentes. Elles semblent porter la Centrale sur leurs épaules. Ilich comme les autres. Dès qu'il se morfond, presque immédiatement, le souvenir de ses innombrables conquêtes féminines revient lui mettre du baume au cœur. Chaque année, pour la journée de la Femme, je reçois cette carte, identique à la virgule près.

Ma chère Sophie,

Reçois en ce 8 mars, mes vœux chaleureux pour cette fête qui honore la meilleure moitié de l'humanité. Avec mes amitiés révolutionnaires,

Ilich

Je présume que toutes les connaissances féminines d'Ilich reçoivent la même. Le 7 mars doit être pour lui l'occasion d'un envoi massif. Magdalena raconte dans ses mémoires qu'à partir de son arrestation au Soudan en 1994, Carlos écrivait trois fois par an à leur fille Rosa ; pour son anniversaire, pour Noël et pour la journée de la Femme. Et la fillette, qui recevait si peu de nouvelles, devait probablement rester stupéfaite en ouvrant cette lettre.

Les femmes jalonnent l'existence d'Ilich, des centaines de trophées muets à la gloire de sa puissance phallique. L'odeur du sexe. Il plisse les yeux, à l'affût.

En 2010, le cinéaste Olivier Assayas a réalisé un film de fiction sur Carlos, une superproduction dans laquelle Ilich a les traits d'un Che Guevara aventurier, romantique et fiévreux. Ce film a énormément contribué à sa réputation en prison. Et l'unique détail que la plupart des détenus évoquent, c'est la taille du sexe de l'acteur dans le film. Rien ne pouvait lui faire davantage plaisir, il se rengorge à cette simple évocation.

On l'accoste fréquemment à ce propos : « J'ai vu la scène quand il est tout nu, tu as vu son sexe ! Il te ressemble ? » Alors Ilich, comme un paon immensément flatté, gonfle ses plumes et glousse. La baise est dans sa tête du matin au soir.

Toute femme de moins de 60 ans qui passe à sa portée déclenche chez lui un réflexe quasi pavlovien : il doit tenter sa chance. Et si elle est accompagnée, cela le stimule encore davantage : Qu'est-ce que vous faites avec ce type ? Je vais vous en débarrasser ! Vous méritez beaucoup mieux. Laissez-moi ma chance ! Le ton est toujours celui de la plaisanterie, mais c'est un mode de fonctionnement profondément ancré, chaque femme est une opportunité à saisir, partout, tout le temps.

À l'entendre, son existence ne fut qu'une longue route parsemée de rapports sexuels admirables, glorieux, singuliers. Les femmes de la meilleure société lui tombaient dans les bras, en se pâmant devant ce cador de la chambre à coucher. Il a eu tellement de chance avec la gent féminine, même des musulmanes ! Toutes riches et de très bonnes familles, vraiment quand il y pense, c'est stupéfiant.

Il contemple en songe un troupeau de prétendantes qui s'avance. Les bretelles étroites de leurs robes entrouvertes sur des draps de satin froissés. Ses yeux semblent près d'éclater de jouissance retenue. Une existence où il suffisait d'un claquement de doigts pour que les conquêtes tombent du ciel.

Un seul aspect de sa vie amoureuse le rend peu prolixe : sa descendance. J'ai quatre enfants, me répète-t-il souvent, refusant de donner davantage d'explications. Trois d'entre eux ne connaissent même pas mon nom.

Pourtant, un jour viendra où ils seront fiers de leur père ! Ilich a tout prévu, après avoir écrit ses mémoires il y a une trentaine d'années, il a caché le manuscrit en lieu sûr dans différents pays. Il y révèle des histoires de sexe avec des femmes d'un haut niveau politique. C'est chaud ! me prévient-il comme pour me mettre en garde à l'avance. Cette œuvre publiée à sa mort connaîtra, il n'en doute pas, un succès absolu ; on s'arrachera des millions d'exemplaires. En prévision de ce triomphe planétaire, Ilich a donné des instructions précises : chacun de ses enfants devra recevoir un million de dollars.

Il aurait rêvé d'être le patriarche d'une famille nombreuse, aimante, reconnaissante. Sa semence glorieuse aurait engendré des héritiers de la race des seigneurs. Cette promesse ne s'est pas réalisée. L'aîné de mes enfants est plus âgé que toi ! me répète-t-il souvent, l'air mélancolique.

L'enfant de sa première femme. Sonia, une Cubaine, membre dirigeante du Parti communiste. Pas une beauté classique, mais très bien faite ! Et riche et influente ! Lorsqu'ils se rencontrent en 1970, tous deux étudient à l'université communiste de Moscou. Dans la bouche d'Ilich, cette romance prend des allures de drame russe. Sonia est mariée mais souhaite un enfant d'Ilich. Lui, grand seigneur, accepte pour faire plaisir, comme s'il accordait une faveur. Il mime la scène dans un geste désinvolte de la main droite : Ok ça va, ça va, pas de problème ! Sonia tombe enceinte, repart chez elle. Son mari reconnaît le nouveau-né, Ilich n'est même pas informé du prénom de l'enfant. À ce jour, il ignore si c'est une fille ou un garçon. Il n'a pas repris contact de peur de causer des problèmes. D'un air accablé, il lève son poing en signe de lutte.

Sonia fut son premier amour et sans doute la seule de ses conquêtes à ne pas lui obéir. Subjugué par sa richesse et sa puissance, Ilich obtempéra. Pour les suivantes, c'est une autre histoire. Toutes, même ses plus grands amours, se retrouvèrent instrumentalisées. Une armée de petites servantes dociles dont les appartements et les comptes bancaires servirent de caches et d'appât.

Innombrables. Dès ses premières années au FPLP, Ilich couche en permanence avec au moins trois filles à la fois. Jeunes, sud-américaines et dociles. Leurs prénoms finissent en « a » et elles semblent interchangeables. Maria, Theresa, Nydia… parfois, elles sont même colocataires et se battent pour conserver ses faveurs. Aucune ne le connaît vraiment, il multiplie les noms d'emprunt et les fausses carrières professionnelles. Tout juste leur avoue-t-il se battre pour la cause palestinienne, ce qui lui permet de justifier ses nombreuses absences.

Si elles veulent le garder, il faut lui rendre des services ! Elles convoient des armes, cachent des valises de munitions, prêtent leur appartement, font office de prête-nom bancaire, lavent son linge sale. Il menace, ment, cajole et s'amuse. Après la tuerie de la rue Toullier en 1975, Ilich entre dans la clandestinité et ses affaires amoureuses en pâtissent quelque peu. Le gibier est moins abondant. Il doit se contenter de ce qui passe à sa portée, c'est-à-dire les militantes d'extrême gauche radicale dans les camps d'entraînement.

À l'entendre, les camarades tombent dans ses bras comme des mouches. Les mœurs de l'époque sont libres et il jouit d'une aura importante, un vrai héros, toujours parfaitement habillé. Son succès est incroyable, m'assure-t-il, l'index levé. Dès cette époque, il lui semble évident qu'il aura un destin à part. La preuve : toutes les camarades qu'il a baisées sont mortes, constate-t-il crûment.

L'une de celles dont il parle le plus facilement est Brigitte Kuhlmann. Sur les rares photos qui subsistent, on distingue une petite brune, le visage mangé par des lunettes à monture sombre, un carré désordonné, une moue fermée. Je peine à reconnaître l'amoureuse transie que décrit Ilich.

Une histoire de quelques semaines seulement. Au Yémen en 1976, la jeune femme, membre de la bande à Baader, a rejoint les camps d'entraînement de Wadie Haddad. Le vieux est parvenu à attirer autour de lui toute la gauche révolutionnaire européenne : les Cellules révolutionnaires allemandes, l'IRA, l'ETA, les Brigades rouges, etc. Et il faut voir la tête des gardes yéménites quand les filles occidentales débarquent en robe de plage, bikini et chapeau de paille.

Les conditions de vie spartiates font horreur à Ilich. À Sanaa, seuls deux restaurants servent de la nourriture et du vin correct. C'est pas parce qu'on fait la révolution qu'on doit manger de la merde !

Avec Brigitte, ça s'est fait par hasard, un après-midi, à la plage. À entendre Ilich, cette histoire est d'une simplicité confondante, à l'époque toutes les filles du camp sont amoureuses de lui. Elles se disputent son attention, se battent pour finir dans son lit. C'est Brigitte qui remporte la partie et c'est tout. Rien d'officiel, juste du bon temps. Elle ne prend pas la pilule, si elle tombe enceinte, ce ne sera pas grave.

Quelques semaines plus tard, alors qu'il quitte le Yémen, Brigitte lui annonce qu'elle attend un enfant. Il n'y prête guère attention et aucun des deux ne renonce à la lutte armée. En juin 1976, à six mois de grossesse, Brigitte est envoyée attaquer un avion. L'opération d'Entebbe est censée faire capoter les négociations entre l'OLP et les USA.

Le 27 juin, un commando de quatre terroristes détourne un vol Air France en provenance de Tel-Aviv. L'opération se veut une vitrine de l'antisionisme, les deux cent quarante-six passagers sont séparés en deux groupes, les Juifs et les non-Juifs. Les Israéliens donnent l'assaut. Les terroristes meurent le corps criblé de balles. Ilich l'apprend en écoutant les nouvelles à la radio. Il semble regretter leur enfant jamais né, mais n'a pas un mot pour Brigitte. Elle est allée rejoindre dans sa mémoire la masse informe de ses conquêtes féminines.

Invariablement, ce sont les mêmes commentaires qui reviennent : toutes ses femmes portaient des talons de moins de cinq centimètres, avaient de petits seins, étaient propres et n'arboraient jamais de boucles d'oreilles. Une armée de clones à talons plats dont il garde la caractéristique majeure pour la fin : ses épouses étaient toutes des aristocrates ou issues de la grande bourgeoise. Il ne choisissait pas n'importe qui !

Lorsqu'il me parle de quelqu'un, il évoque en tout premier lieu ses origines sociales. Une personne « de bonne famille », c'est-à-dire avec de l'éducation et de la richesse, bénéficie d'un a priori très favorable.

Il ne pose que très peu de questions sur mes parents, il a visiblement intégré le fait que mes origines étaient modestes, ce qui fait donc perdre tout attrait à des interrogations poussées. Ma belle-famille, beaucoup plus bourgeoise, l'intéresse bien davantage. Il me questionne longuement à propos de mon beau-père, un Alsacien dont l'un des aïeuls faisait des affaires avec la famille Debré. Je m'aperçois, stupéfaite, qu'il peut réciter l'arbre généalogique des Debré sur trois ou quatre générations. Il connaît par cœur les prénoms, les dates et lieux de naissance de ces gens avec qui il n'a aucun lien. Mais c'est une grande famille ! me rétorque-t-il comme pour se justifier.

Et quand il évoque son épouse actuelle, la remarque fuse, immédiate et systématique : « Elle est issue de la grande bourgeoisie ! » Même s'il a tout perdu, il lui reste au moins cette joie ineffable : sa femme est une grande bourgeoise ! Et cette fierté-là, personne ne pourra la lui retirer. Une extraction sociale élevée est le gage d'une histoire d'amour réussie. Je lui fais remarquer que le raisonnement est étrange de la part d'un communiste. Mais non, c'est logique ! Pour qu'un couple fonctionne, il faut impérativement que les deux partenaires aient des références communes, qu'ils fréquentent les mêmes plages, les mêmes discothèques, les mêmes hôtels. Sinon, on court droit à l'échec. Un partenaire d'un milieu social inférieur n'est envisageable que pour un coup d'un soir.

Et voilà Ilich, tout ragaillardi par ses rêves de gent féminine exquise et argentée.

Subsistance

En décembre 2017, je pars en tournage au Moyen-Orient avec Christophe Bouquet, le coréalisateur du documentaire. Israël, Jordanie et Liban. Nous nous mettons en quête des compagnons d'armes d'Ilich. Il a refusé de me donner des contacts et j'ai eu le sentiment qu'il cherchait à camoufler l'oubli dans lequel il a désormais sombré.

Dès les premiers jours, je me rends compte de mon erreur. Partout, le nom de Carlos résonne comme un bruit sourd. En Jordanie et au Liban, nous présentons l'une de ses photos, le poing levé dans sa cellule. Impeccablement rangés derrière lui, des rouleaux de Sopalin et des paquets de biscottes. Un papy grassouillet. Ce cliché est pour moi le symbole de sa chute. Mais ici, en la montrant, nos interlocuteurs écarquillent les yeux, impressionnés. Muets de peur.

Au Moyen-Orient, Carlos n'est pas un petit vieux qui mange des Snickers à la machine à café du parloir, mais un tueur. Très peu acceptent de s'exprimer devant une caméra, craignant confusément je ne sais quoi. Nous avons beau répéter qu'il ne sortira jamais de prison, ces mots ne veulent rien dire. Carlos reste Carlos.

Les vieux militants du FPLP sont demeurés fidèles à leurs idées, pourtant le temps où ils détournaient des avions et faisaient régner la terreur est loin. À quoi ont donc servi toutes leurs bombes ? Le monde les a oubliés. Des dinosaures laïcs et marxistes. Les barbus ont pris le pouvoir, les islamistes ont remplacé les communistes. Lorsque la photo d'Ilich apparaît, le silence se fait, comme s'ils apercevaient un revenant.

Les militants de base sont unanimes : c'est un héros qui s'est battu pour leur cause alors qu'il n'était même pas arabe ! Il a donné sa vie pour la Palestine. Beaucoup l'ont côtoyé dans les camps d'entraînement à son arrivée en 1970 et lors des combats de Septembre noir. Et il a attaqué l'OPEP ! Il a vengé leur humiliation de vaincus parqués dans des camps. Les photos passent de main en main. On ne se lasse pas d'évoquer ces années glorieuses. On nous invite. L'arak coule à flots et les souvenirs affluent. C'est la « bonne période » d'Ilich, celle durant laquelle il se sacrifie et vit volontairement dans la misère. Il se contente de trois fois rien, partage des boîtes de conserve froides, dort dans des campements de fortune.

Cette fulgurante période de dénuement volontaire me semble irréelle. L'Ilich que je connais évalue sa fortune du matin au soir. Il refuse de vivre modestement. La pauvreté est une petite mort. Une existence crasseuse à compter ses sous comme un étriqué, non merci. Les grands crus, les restaurants gastronomiques et les hôtels quatre étoiles sont le minimum vital. Quand il lui fallait de l'argent, il se servait. Putain, il est communiste, mais il y a des limites !

Jamais il ne sembla étonné de cette opulence. Si légère. Il entreposait les liasses dans les mallettes, jaugeant distraitement leur épaisseur, et répétait seulement « Ah ! », tout gonflé par la certitude de son importance.

Après les combats de l'année 1970 au Moyen-Orient, Ilich retrouve rapidement le sens des réalités matérielles. En 1973, il est envoyé quelque temps à Paris pour repérer des planques possibles et organiser la logistique de futures attaques. Les finances du FPLP sont piteuses, il se trouve forcé de partager une chambre de bonne minuscule dans le Quartier latin avec un camarade turc. Lorsqu'il arrive au sixième étage, c'est lamentable : un seul lit avec un matelas dégoûtant, le Turc et lui doivent dormir par terre à tour de rôle. Quel être humain normal peut accepter ça ?

Il se plaint amèrement des conditions d'hébergement à son supérieur et obtient de partir pour Londres repérer des riches sionistes que le FPLP pourrait kidnapper. À lui, les hôtels confortables dignes de son rang. Heureusement qu'il est débrouillard, me répète-t-il tout esbaudi. Il m'assure avoir mis au point des coups incroyables pour gagner de l'argent. Il fourmillait d'idées magnifiques. C'est la révolution qui l'a empêché de faire fortune. S'il n'avait pas été révolutionnaire, il serait devenu milliardaire. Il a inventé des combines quand il avait 20 ans, putain, quinze ans plus tard elles fonctionnaient encore !

Entre les attentats en Europe, il rentre au Liban et patiente, sûr de sa bonne étoile et de son destin. À l'affût d'idées pour renflouer les caisses, il tend l'oreille. Et début 1974, au Liban, il tente de concrétiser l'une de ses plus brillantes trouvailles : la bonne société du monde arabe se presse dans les montagnes du Chouf au-dessus de Beyrouth. Ilich fréquente assidûment ces lieux de fêtes et repère les allées et venues de dizaines d'adolescents de riches familles saoudiennes. Parmi les clients réguliers, on trouve Oussama Ben Laden et ses frères, connus pour être immensément fortunés. En observant ce petit monde s'agiter sur la piste de danse, une idée lumineuse germe dans son esprit : il va enlever les frères Ben Laden pour extorquer une rançon. Ça va fonctionner, il en est sûr ! Comme cette vision le galvanise, il projette finalement de kidnapper plusieurs dizaines d'adolescents saoudiens. Ces petits enculés vont lui rapporter un paquet de fric. Ce sera une opération facile, les familles vont payer sans discuter. La plus grande prise d'otages de l'histoire ! Mentalement, il fixe le montant de la rançon à cinq cents millions de dollars. Il s'autocongratule chaleureusement et répartit déjà les gains : cent millions pour le FPLP, cent millions pour l'OLP, trois cents millions pour les autres organisations palestiniennes. À cette époque, il n'imagine pas garder l'argent pour lui, mais consolider ainsi sa gloire naissante : il sera celui qui a renfloué les caisses de la Palestine.

Ces projets délirants n'ont pas le temps de voir le jour. Wadie Haddad l'envoie en Europe pour de nouveaux repérages et Ilich quitte précipitamment le Liban. Lorsqu'il revient six mois plus tard, Kadhafi a commencé à financer le FPLP et le projet d'enlèvement est abandonné. Quarante ans plus tard, Ilich le regrette encore. À chaque nouveau récit de cette histoire, il y met la même fougue, comme persuadé que la rançon est tout près d'être encaissée. Cinq cents millions, tu te rends compte ? interroge sa voix fébrile.

Car telle fut la grande affaire de sa vie : rester riche. Encaisser. Remplir les mallettes. L'argent filait à toute vitesse. Il fallait être malin. Mille fois, il me rabâche le récit de ses exploits et de ses fameuses combines. Ainsi, en 1972, un type du Parti communiste lui aurait donné une bonne adresse où s'approvisionner en matériaux pour les bombes. Gare du Nord, dans une rue qui descend, on trouvait des baraques en bois dans des vieux entrepôts de la SNCF. Eh bien, c'est incroyable, mais le troisième entrepôt était loué par Bernard Tapie, le chanteur, et c'était son frère qui gérait l'affaire. Ils y trouvaient tout le nécessaire pour fabriquer leurs bombes. Des pièces volées et à moitié prix, beaucoup moins chères qu'au BHV. Évidemment, après la rue Toullier, ils ont été grillés et ce bon plan s'est arrêté, mais ils en avaient fait profiter pas mal de groupes révolutionnaires. Ils envoyaient du matériel aux Basques en Espagne, au Liban, en Allemagne et en Angleterre. Ils filaient un coup de main pour la cause.

Je lui fais remarquer que personne ne me confirme cette histoire. Il hausse les épaules. Les autres ne connaissent rien de toute façon.

Durant cette période euphorique, pour le FPLP comme pour les autres groupes terroristes d'extrême gauche, la révolution semble à portée de main. Pourtant, l'une des préoccupations quotidiennes reste le financement. Tout le monde cherche des sous.

L'un de leurs soutiens majeurs fut Kadhafi. Ilich se vante : Le vieux n'avait pas le choix. La Libye, c'est un pays aux frontières artificielles, créé de toutes pièces avec un gouvernement tribal de merde. Il avait besoin d'eux pour régler ses comptes. Il était complètement dingue, mais il a toujours soutenu la cause palestinienne. C'est lui qui avait commandé l'opération de l'OPEP fin octobre 1975.

À l'époque, le projet paraît tout droit sorti du cerveau d'un fou : Kadhafi veut prendre en otage tous les participants de l'OPEP pendant une réunion qui se déroule à Vienne en décembre 1975. Le commando devra faire la publicité de la cause palestinienne et surtout tuer deux ministres : un Iranien et un Saoudien.

Ilich m'assure que c'est Kadhafi qui aurait proposé son nom pour diriger le commando, estimant que lui seul pourrait préparer cette attaque dans un délai si court. En réalité, peut-être que seul Ilich était suffisamment inconscient pour se lancer dans une telle folie.

Trois groupes armés s'associent : le Fatah, le FPLP et « Septembre noir ». L'opération se bâtit de bric et de broc. Les dollars et les armes promis par Kadhafi arrivent au compte-gouttes. Le Libyen prétend vouloir punir les pays arabes qui ne soutiennent pas les Palestiniens comme ils le devraient. Mais la cause palestinienne n'est qu'une façade. En réalité, Kadhafi veut « corriger » les Saoudiens et les Iraniens. Des caniches aux ordres des USA qui ont accepté de baisser les prix du pétrole. Kadhafi a perdu des sommes colossales dans cette histoire alors il veut leur peau.

Le 21 décembre 1975, le commando fait irruption dans le bâtiment de l'OPEP, ouvre le feu et séquestre soixante-dix personnes. Ilich se présente en criant : je suis Carlos ! L'attaque tourne au cauchemar. Trois personnes sont tuées immédiatement. Les négociations s'enlisent, vingt-quatre heures plus tard Ilich obtient un DC-9 qui s'envole avec quarante-deux otages.

Commence alors une longue errance durant laquelle l'avion est refoulé de la plupart des pays arabes : Tunisie, Yémen, Libye… même Kadhafi fait le mort. Plus personne ne souhaite être associé à cette opération hasardeuse. Après trois jours sans sommeil, l'appareil à court de carburant se pose piteusement à Alger dans la stupeur générale.

Seule l'Algérie accepte de se salir les mains. Elle voit là un moyen d'asseoir sa stature sur la scène diplomatique. Le retentissement médiatique est énorme. La photo d'Ilich discutant sur le tarmac de l'aéroport d'Alger avec

Abdelaziz Bouteflika, alors ministre des Affaires étrangères, fait le tour du monde. Il savoure son heure de gloire.

Des heures de discussion commencent entre Ilich et Bouteflika. La marge de manœuvre est étroite car Wadie Haddad s'est montré clair : les deux ministres doivent être assassinés, on ne transige pas, on n'accepte pas d'argent. Inexplicablement, Ilich abdique devant la volonté algérienne. Tous les otages sont libérés, les ministres saoudien et iranien repartent sains et saufs.

Le contenu des tractations restera secret et, depuis quarante ans, Ilich a gardé la même ligne de défense : il a été forcé de libérer les otages et n'a pas touché un centime. Pourtant, toutes les sources s'accordent sur ce point : il ment.

Dès le début des négociations, l'Iran et l'Arabie Saoudite ont proposé chacune vingt-cinq millions de dollars pour épargner leurs deux ministres. Comment refuser une telle somme ? L'aubaine est trop belle. Bouteflika promet le silence et Ilich reçoit cinquante millions de dollars sur un compte bancaire confidentiel.

De retour au Yémen chez Wadie Haddad, il lui faut garder le silence et affronter les questions de ses camarades. La tâche s'avère ardue, Ilich tente de faire bonne figure, mais craint d'être abattu d'une balle dans la nuque. À l'époque, le FPLP ignore tout des cinquante millions. Ce qui provoque la fureur de Wadie Haddad, c'est qu'Ilich lui ait désobéi, qu'il ait épargné la vie des deux ministres sans en référer aux instances dirigeantes du FPLP. Cette audace ne sera jamais pardonnée. Ilich parvient à sauver sa tête, mais se trouve mis à l'écart. Pendant deux ans, il traîne dans les camps d'entraînement. Sa situation devenue incertaine, il patiente, persuadé de sa bonne étoile. Il n'a de cesse d'échafauder des plans délirants comme les kidnappings du pape Paul VI ou de Caroline de Monaco. Les repérages font chou blanc et les deux proies leur échappent.

Ilich se console vite. La plupart du temps, il mène la grande vie en Algérie où il peut sans crainte afficher sa toute nouvelle opulence. Avec les millions de l'OPEP, il pourrait faire la révolution mais, comme tétanisé par sa propre audace, il se contente de tout gaspiller. Les dollars s'évanouissent en filles, en alcool et en folles soirées.

Cette vie de débauche lui permet de nouer de nouvelles amitiés. Il s'acoquine avec des membres du gouvernement, notamment Ahmed Draia, le directeur de la Sûreté générale. Et quelques petits contrats viennent rompre la monotonie. Il s'enorgueillit notamment d'une commande marocaine : en 1978, le général Dlimi, l'homme de confiance du roi Hassan 2, lui fait savoir qu'il souhaite éliminer le roi.

Ilich s'associe alors avec Draia. De toutes façons, les Algériens, ça les arrangeait aussi de buter Hassan 2. Deux commandos différents sont prévus pour abattre le roi à la sortie de Rabat. Mais quelques mois plus tard, Draia tombe en disgrâce. Ilich perd une aide logistique précieuse et tout s'arrête. C'est dommage, c'était vraiment du beau travail. D'autant plus dommage qu'en deux ans, les 50 millions de dollars se sont volatilisés et qu'Ilich se retrouve presque à sec.

Au FPLP, l'affaire de l'OPEP s'est ébruitée au fil du temps, même si rien ne sera jamais officiellement dévoilé. Encore aujourd'hui, pour les responsables du mouvement, c'est la honte qui domine. Ceux que nous avons rencontrés au Moyen-Orient se montrent réticents à s'exprimer sur Ilich. Le ton est très différent de celui des combattants de la base. La plupart des dirigeants acceptent du bout des lèvres de raconter les premières années du jeune militant marxiste fraîchement débarqué de Moscou, prêt à mourir pour la Palestine. Puis à partir de l'OPEP, tous perdent la mémoire et la parole. Ilich semble être tombé dans une faille spatio-temporelle. Personne ne sait rien. Personne n'a d'opinion. Ils hochent la tête dans un silence poli, prétendent l'avoir à peine connu, juste croisé, ne pas être en mesure de juger.

Parfois, quand la caméra s'éteint, les langues se délient : à l'OPEP, Ilich s'est conduit comme un bandit. Sur les cinquante millions, le doute s'était instillé depuis longtemps. Après la mort de Wadie Haddad en 1978, le FPLP a obtenu la confirmation des services algériens qu'Ilich avait bien empoché les dollars. La direction fut atterrée. Il avait pris l'argent de la révolution ! Ils en restèrent stupéfaits et amers. Par la suite, il a encore aggravé son cas. Ses contrats juteux de mercenariat avec des États sans foi ni loi furent le coup de grâce. Aucun discrédit public ne fut jamais prononcé de peur de salir le mouvement en avouant ce déshonneur à la face du monde. Mais pour eux, Ilich n'existe plus.

Quelques rares responsables s'enhardissent à nous questionner sur sa situation actuelle : comment va-t-il ? Quels sont ses soutiens ? A-t-il de quoi vivre ? Lorsque nous expliquons qu'il est désormais très seul, presque sans revenus, certains ne peuvent s'empêcher d'être touchés : Je vais voir si l'on peut faire quelque chose, je vais en parler, nous assure-t-on sans que l'on sache si la promesse est sincère ou s'ils s'efforcent de faire bonne figure devant nous.

À mon retour du Moyen-Orient, Ilich a fixé longuement les quelques photos que je lui ai rapportées. Qui as-tu rencontré ? Qu'est-ce qu'ils t'ont dit ? Il me questionne sans fin, ne peut lâcher les clichés, jamais je ne l'ai vu si ému. Ces gens savent qui il est, se souviennent de la terreur qu'il inspirait.

Je ne sais que lui raconter. Que les combattants de base pleurent d'émotion en voyant sa photo, mais que les dirigeants ne lui pardonnent pas d'avoir piqué dans la caisse ? Je reste évasive. Je pèse mes mots, j'annonce juste quelques nouvelles : Untel a pleuré, Untel te salue, ils vont essayer de t'envoyer un peu d'argent, etc. Il sourit et s'enorgueillit du pouvoir lentement acquis et conservé toutes ces années. Un court instant, c'est l'ancien Ilich qui parle. Le combattant marxiste en quête de gloire. Le bon vieux temps.

L'imposture de l'OPEP marque le tournant de sa vie. Une partie de lui est morte ce jour-là, ses rêves de gloire immaculée sont restés sur le tarmac d'Alger. À compter de ce moment-là, tout n'est que mensonge.

Ilich reste seul sur la route à lever le poing en l'air dans l'espoir que nul ne remarquera sa chute. Malgré la débâcle, ses ambitions béantes demeurent intactes et il s'efforce de donner le change. Dans ses récits, il mélange toujours adroitement plusieurs périodes de sa vie : « Nous, notre groupe, mes hommes, mes camarades… » La masse de ses soutiens doit rester indistincte.

Peu à peu, il court les contrats comme on court les cachets. Et tente de faire passer des commandes payées en dollars pour des actes politiques. Il est tombé entre les mailles de l'Histoire et s'est construit une légende. Bien malin qui peut aujourd'hui raconter sa vie en détail. Des années entières demeurent non documentées. Une suite de trous noirs durant lesquels très peu savent ce qu'il faisait et d'où lui venait son argent.

Ces cinquante millions sont devenus son mensonge fondateur. L'OPEP reste la pierre angulaire sur laquelle il peut s'appuyer pour bâtir sa gloire. Avouer qu'il a pris cet argent reviendrait à reconnaître l'horreur de sa trajectoire.

Pour lui, l'important est que la majorité de la population au Moyen-Orient ignore sa truanderie et le considère encore aujourd'hui comme le héros du tarmac. Celui qui a vengé l'humiliation des Palestiniens.

Au parloir après mon retour, ses rêveries triomphales s'éloignent à l'instant où nous croisons un détenu corse, l'un des assassins du préfet Érignac. Ilich me présente immédiatement d'un air pompeux :

— Madame Sophie Bonnet est documentariste, elle réalise un film sur moi et s'est rendue en Jordanie voir des combattants du FPLP.

— Ah bon, vous avez vraiment rencontré des combattants ?

Ilich répond à ma place :

— Je suis l'un des rares survivants, tout le monde est mort, mais les millions sont restés.

— Comment ça, s'exclame vivement le Corse, il y a encore de l'argent dans les caisses du FPLP ? Mais alors pourquoi ils ne t'aident pas ?

Ilich semble immédiatement regretter cette vantardise inutile.

— Je ne peux pas les joindre, ce n'est pas si simple, les finances sont gérées de manière particulière...

Mais le Corse, persuadé de tenir une idée géniale, refuse de lâcher l'affaire :

— Enfin, tu as bien des contacts ! Avertis-les immédiatement, il y a forcément des moyens, ce n'est pas si difficile et l'argent est encore là ? Mais, c'est incroyable, il faut faire quelque chose.

— Ça ne se passe pas comme ça, c'est très compliqué et ce n'est pas moi qui m'occupe des finances...

La discussion s'enlise. Ilich regarde ailleurs. Comment expliquer, alors qu'il ne cesse de rabâcher ses faits d'armes, que plus personne ne lèvera le petit doigt pour lui au FPLP ? Pour clore l'affaire, Ilich entreprend de se moquer de la montre Swatch du détenu, une montre de pauvre. Et exhibe fièrement la monture en or quatorze carats de ses lunettes.

Le Corse le reprend, dépité :

— En fait, tu es un vrai bourgeois !

— Mais non, je viens d'une famille féodale et nous sommes des révolutionnaires.

— Tu es vraiment révolutionnaire, toi ? Tu es sûr ?

— Ah oui, je n'ai jamais rien renié.

— Et tu serais prêt à te sacrifier pour ton peuple ?

Le détenu se moque, semblant connaître d'avance la réponse. Ilich réfléchit avant de conclure très sérieusement :

— Non, mais mon peuple serait prêt à se sacrifier pour moi.

Et je l'observe réajuster fièrement sur son nez ses lunettes vieilles de trente-cinq ans à la forme totalement anachronique.

La chute

Sa crainte de la déchéance sociale est constante. Obsessionnelle. Ilich s'agrippe de manière folle et désespérée à tout ce qui peut préserver son rang et un certain standing. Comme avant. Avant que les pas des matons, ces claquements de talons perpétuels, n'habitent tout à fait dans sa tête. Quelle jouissance de se rappeler à quel point il fut riche et puissant ! Cette exaltation-là reste plus forte que tout.

Sa montre Cartier. Achetée il y a trente-cinq ans, tax-free dans la boutique de luxe de l'aéroport d'Amman ! Il ne la quitte jamais, souvenir chéri du temps de sa splendeur. Il l'avait payée cash, en espèces, vingt-cinq mille francs, et m'assure que le modèle équivalent actuel coûte plus de cinq mille euros.

C'était le bon temps, celui où ses conquêtes féminines se paraient de bijoux qu'elles laissaient glisser le long de leurs membres fins. Comme des nuées d'insectes happés par le bruissement des dollars. Il réajuste la montre à son poignet, la couve des yeux et s'inquiète de ne pouvoir l'entretenir convenablement. Il y a une dizaine d'années, il avait dépensé cinq cents euros pour la faire nettoyer et changer le bracelet. Ilich se souvient encore de la colère de sa femme lorsqu'elle l'avait appris. Désormais, il a revu ses ambitions à la baisse : pour un petit nettoyage rapide, il faut compter cent soixante euros. Comment veux-tu que je paye ça ? me demande-t-il en haussant les épaules.

Le voilà donc en quête d'argent frais. Il a sollicité ses avocats dans divers pays : Turquie, Liban, Suisse, etc. mais personne ne semble disposé à mettre la main à la poche. Ses frères ne peuvent plus financer non plus. Avec l'inflation, impossible désormais d'envoyer des dollars. La récolte est maigre ! Alors les mois passent et la montre Cartier n'est pas nettoyée. Ainsi va le monde d'Ilich.

Depuis 1994, le café rance de la prison lui brûle la gorge. Pourtant. il persiste à se réciter la litanie de ses anciennes possessions. Il s'efforce de paraître riche. Un samedi, il me guette et m'entraîne rapidement vers notre box sans les salutations d'usage aux autres détenus. Il faut régler une affaire importante. Il vient d'apprendre que son professeur de littérature allait leur faire étudier *Candide* de Voltaire. Le livre sera distribué en version poche, mais Ilich s'est mis en tête de l'obtenir dans la Pléiade. Avec cette édition de luxe à cinquante euros, son livre vaudra donc vaut sept fois plus que celui des autres détenus. Je me retrouve chargée de cette glorieuse mission.

Il me répète ses instructions : je dois envoyer le précieux ouvrage au directeur de la prison, avec un petit mot, en précisant qu'il est destiné à Ilich. Est-ce que j'ai bien compris ? Surtout, il ne faut pas que j'apporte le livre au parloir ou que je le fasse passer par son avocat, cela tuerait tout l'effet ! Il FAUT que le directeur le reçoive lui-même, ainsi, il ne pourra qu'être fortement impressionné. Il se dira : C'est vraiment incroyable, on lui envoie des livres dans la Pléiade !

Ensuite, durant le cours de littérature, le prof comprendra à qui il a affaire. Ilich surplombera le reste du troupeau. Un vautour parmi les souris. Sa jouissance est palpable lorsqu'il me raconte à l'avance la scène de triomphe qu'il a imaginée. Et je n'ai aucun doute : si par malheur le professeur manque à ce point de jugeote qu'il ne remarque rien, à la fin du cours Ilich ira faire admirer son trésor, comme un collégien tout fier qui fayote en vue du conseil de classe. Je n'ai pas le courage de réduire à néant ce plan si savamment organisé. J'achète l'ouvrage dans la Pléiade et je l'expédie au directeur avec un petit mot :

Monsieur le Directeur,

Je me permets de vous faire parvenir ce livre à l'intention du détenu Ilich Ramírez Sánchez qui en a besoin pour ses cours de littérature. Je vous remercie de bien vouloir lui faire remettre.

Avec un peu de tristesse, j'imagine la jubilation d'Ilich exhibant son livre et ne récoltant qu'un mélange d'incompréhension et d'incrédulité. Au parloir suivant, je le questionne sur les réactions provoquées. Il fouille dans sa mémoire : Ah oui, le cours de littérature ! Non, non, le prof n'a rien dit de spécial. L'épisode semble avoir été parfaitement occulté. Comme toujours, l'échec n'a engendré aucun découragement, mais s'est retrouvé balayé sans délai. Ilich se concentre sur ses triomphes futurs. La victoire est au bout du chemin.

Et les occasions ne manquent pas.

À Noël, exceptionnellement, il est possible d'apporter des colis de nourriture. Cinq kilos par détenu. En 2017, Ilich me demande du foie gras. Un kilo de foie gras d'oie, selon lui meilleur pour les diabétiques. Il me noie sous un flot d'exigences et de recommandations, telle qualité, telle cuisson, telle marque. Un désintérêt profond pour tout ce qui touche à la cuisine ajouté à son accent font que mon esprit s'extrait assez rapidement de cette conversation.

Au supermarché, perplexe devant l'avalanche de choix, j'opte finalement pour un foie gras d'oie en bocal dont la qualité me semble correcte. Arrivée à Poissy avec le précieux achat, les choses se gâtent. Le gardien de l'entrée, un Antillais débonnaire, refuse tout net de me laisser entrer avec mon bocal. « Tout objet en verre est strictement interdit dans l'enceinte de la prison en raison des risques d'attaque qu'il représente », me récite-t-il en pointant son index vers moi, comme si j'avais fomenté une attaque secrète avec mon dangereux récipient. Et je me souviens alors que parmi la litanie de conseils, figurait effectivement le fait de ne pas choisir de foie gras en bocal. J'essaie de négocier, je propose de retirer le foie gras du récipient, mais c'est niet.

Dépitée, je repose mes emplettes dans le casier à côté de mon sac à main. Lorsque Ilich entre dans le parloir, les matons l'ont déjà prévenu du précieux butin qui venait de lui passer sous le nez. Comment ai-je pu être aussi stupide ? Il n'en revient pas lui-même, c'est un affront, que dis-je, une attaque personnelle ! Tu as fait une erreur, une grave erreur, je te l'avais pourtant dit ! me répète-t-il exaspéré. Il m'avait prévenue que le verre était interdit, mais je n'écoute jamais, je n'en fais qu'à ma tête. Dans son organisation, il n'y avait pas de place pour les initiatives personnelles, les tempéraments comme les miens, on s'en débarrassait ! Si j'avais fait partie de son groupe révolutionnaire, on m'aurait déjà fusillée depuis longtemps, bla bla bla…

La voix bourdonnante du maton se détache. Et la colère d'Ilich retombe. Presque piteuse. Il est loin le temps où il pouvait mettre une balle dans la tête de ses contradicteurs. Dorénavant, il crie, il tempête et ensuite ? Rien. Presque un enfant qui refuse d'obéir. Il m'apparaît finalement si vulnérable, à ma merci pour un bloc de foie gras. Au fil des mois, les humeurs d'Ilich se sont éteintes.

L'année suivante, j'apporte du foie gras « au torchon », ce qui le plonge dans un état d'excitation absolu.

Une fête dont toute la prison est informée et qui ravive le souvenir de ses années fastes.

Pour lui, c'est cette confrontation quotidienne qui semble le plus difficile à vivre. Tu te rends compte ? J'étais en relation avec tellement de chefs d'État ! Ceausescu, Kadhafi, Arafat… Bachar el-Assad m'appelait « mon oncle », Saddam Hussein ordonnait : « Carlos est un héros de la lutte armée, donnez-lui tout ce dont il a besoin ! » Mais ses fantômes prestigieux l'ont abandonné et au quotidien, Ilich discute programmes de télé et horaires de promenades avec des petites racailles sans éducation. Quelle misère !

Les box libèrent des parfums de haschich, de sexe et les heures s'écoulent, bilieuses. Ici, la vie se charge de dresser les présomptueux. Ilich souffle d'abattement. Pour le moment, il reste là, pauvre vieux sans le sou, mais ça va changer. Tu verras ! m'assure-t-il. Combien de fois ai-je entendu cette promesse ? À nouveau, il extirpe de son portefeuille la carte de visite d'un enquêteur du FBI et me l'agite sous le nez. Elle est tout écornée à force de manipulations. Ce type est venu le voir cinq fois, c'est une preuve ! Encore aujourd'hui, des gens du FBI s'intéressent à son cas, il n'est pas comme les pauvres types enfermés ici. Qu'est-ce que je m'imagine ? Il reste un combattant ! Et Ilich dresse le poing en l'air comme il le fait systématiquement sur toutes les photos. En attendant la victoire finale, il lui reste le passé. L'insoumission à la réalité et la certitude que la roue va tourner.

Durant toutes ses années de prison, la seule vraie période d'opulence fut la présidence d'Hugo Chávez au Venezuela de 1999 à 2013. Dès son arrivée au pouvoir, Chávez se met à la recherche de héros, de figures révolutionnaires mythiques sur lesquelles s'appuyer. Ilich lui semble être un bon filon, il multiplie donc les déclarations publiques enflammées : Carlos est un grand combattant révolutionnaire injustement emprisonné en France ! Le soutien du Venezuela devient sans faille et selon plusieurs sources, de généreux intermédiaires apportent régulièrement des mallettes de billets.

Ilich ne tarit pas d'éloges sur la générosité de Chávez : une fois, il lui aurait envoyé quatre cent mille dollars par un contact corrompu et l'argent s'est volatilisé. Il y a des traîtres partout ! Heureusement, Chávez n'a pas fait d'histoire et a repayé. Durant quatorze ans, Ilich s'est considéré comme faisant partie intégrante du gouvernement. Attendant dans l'ombre de retrouver le rang qui lui était dû, il ordonne, exige, notifie. Le consulat et l'ambassade accèdent à ses demandes, lui transmettent la liste des invités de leurs réceptions officielles. Il va jusqu'à faire renvoyer les gens qui ne lui conviennent pas. À la mort de Chávez en 2013, tout s'arrête. Les années suivantes, Ilich n'a reçu que quelques miettes : cent mille dollars par-ci, cent mille dollars par-là, qu'est-ce que tu veux faire avec ça ? À présent, le gouvernement vénézuélien n'envoie plus rien. D'un geste vague vers l'horizon, Ilich désigne ses finances déclinantes.

Le Venezuela semble avoir d'autres préoccupations que d'adoucir son quotidien. Ils ont même arrêté de payer ses abonnements à des journaux. Quelle mesquinerie ! Il est tout de même bien obligé de se tenir informé ! Et encore, il ne lit que le strict minimum : *Le Monde*, *Le Figaro*, *The Economist*, *The Financial Times* et cinq ou six hebdomadaires. C'est vraiment des chiens.

De toute façon, l'avenir lui donnera raison. La France l'a enlevé, au mépris total du droit international. Il a été purement et simplement kidnappé ! Et on l'a ramené ici parce que c'est le seul pays au monde où l'on peut condamner quelqu'un sans preuves, juste sur l'intime conviction. Sa présence sur le sol français est illégitime, tout le reste n'est qu'ineptie, ses procès sont illégaux. Et le Venezuela finira par payer, qu'ils le veuillent ou non ! Il doit plus de six millions d'honoraires à sa femme. Elle assure sa défense gratuitement depuis des années. Eh bien, il peut garantir qu'elle touchera son dû, même si les dollars arrivent après sa mort. Il ne se laissera pas faire.

Potentiellement, Ilich est donc richissime. Mais en attendant cette abondance promise, c'est la dèche. Il doit régulièrement renoncer à cantiner faute d'économies, certaines commandes de nourriture sont ridicules, les moins chères de toute sa vie ! Souvent, il m'annonce le montant disponible sur son compte : vingt euros, quinze euros, trente euros. Il en reste ébahi, ne semble pas y croire lui-même. Alors, il compte, il calcule, il pinaille, il supplie, il récupère tout ce qu'il peut : des timbres, des livres, des cartouches d'imprimantes, des abonnements…

Il s'inquiète de ne pas avoir assez de café. Des complaintes de papy. Il souffre du dos. Un courant d'air sur les reins pendant la nuit et le voilà perclus de douleurs.

Cet Ilich avec qui je reste assise durant des heures, son odeur est désormais humaine. Trop humaine. J'avale les parloirs. Je me tais et je note.

Il dort sur ses deux oreilles. Comme n'importe qui d'autre. Plus personne ne viendra le dénoncer ou l'arrêter. Les détonateurs de ses bombes n'étalent plus leurs câbles emmêlés. L'odeur des cadavres s'est évanouie. Au quotidien, ne reste que la lumière douceâtre de sa cellule. Et l'attente de jours meilleurs.

Certes, il pourrait travailler pour gagner de quoi arrondir ses fins de mois, mais cette éventualité ne lui traverse pas l'esprit une seule seconde. Ce serait une humiliation absolue, il préférerait mourir que de s'y résoudre. Je refuse de travailler, on doit m'envoyer de l'argent ! m'assène-t-il. C'est un choix mûrement réfléchi, un choix politique. Tout d'abord, il n'a pas le temps, il a accumulé six mois de retard en lecture et il lui reste beaucoup d'articles à écrire. Je renonce à expliquer que si toutes les personnes ayant du retard dans leurs lectures refusaient de travailler, plus grand monde ne se lèverait le matin.

Et surtout, ajoute-t-il doctement, ce sont les pauvres types qui bossent, les losers. Les barbus islamistes, par exemple, ils bossent tous, car ils n'ont pas le choix, ils n'ont rien. Ou les droit-commun. Car les boulots, c'est vraiment de la merde ! Ils doivent mettre des bonbons dans des sacs, ça leur rapporte environ deux cents euros par mois, ça permet de cantiner et de payer le haschich.

Mais les détenus politiques ne bossent pas, ce serait déchoir de manière terrible. Il n'est quand même pas emprisonné pour de simples meurtres, merde. Il est du bon côté. Les seuls auxquels il accepte de s'associer mentalement sont les détenus corses et basques. Des prisonniers politiques soutenus par toute une organisation, qui reçoivent de l'argent et bénéficient de visites fréquentes.

Il en parle avec admiration et envie car le soutien autour de lui s'effiloche. Bien sûr, il lui reste encore l'ami Dieudonné qui paye son écot. Il est sympa ! Le comique verse la recette de certains de ses spectacles et prête sa petite salle du Théâtre de la Main d'Or pour organiser des réunions.

Je me suis présentée à l'un de ces meetings, un dimanche après-midi. Les cinq euros du ticket d'entrée étaient reversés à Ilich. Dans la salle presque totalement vide, une petite assemblée disparate d'antisémites forcenés. À la tribune, des discours décousus. J'ignore combien Ilich a récupéré sur cette opération, mais 100 euros me semblent le maximum possible.

À part Dieudonné, il subsiste aussi quelques admirateurs qui créent des groupes Facebook ou font signer des pétitions, mais cela s'amenuise d'année en année. Des militants d'extrême gauche en Turquie continuent de lui offrir une tribune dans leur modeste journal et envoient des avocats lors des différents procès.

La misère guette, l'œil narquois. Toutes ses sources de revenus se sont taries peu à peu. La crise financière au Venezuela lui a porté un coup fatal. Elle a rendu quasiment impossible toute aide de sa famille. Lorsque sa fille a accouché, en 2012, Ilich avait demandé à ses frères de faire un petit geste : dix mille dollars pour son petit-fils. Une bagatelle pour marquer le coup. Lorsqu'il a compris que la situation économique rendait cet envoi parfaitement hors de propos, Ilich en est resté muet de stupéfaction. Comment aurait-il pu imaginer connaître un jour une telle disgrâce ?

La nuit tombe en silence. Les fins de parloir se ressemblent toutes. Quand est-ce que tu reviens ? Pourquoi je ne te vois pas plus souvent ? S'il te plaît. Il me reparle du Moyen-Orient. Encore et encore. Essaye de savoir si Untel est vivant, je ne sais pas comment le joindre. S'il te plaît, c'est important. Tu n'oublieras pas ? Nous traînons nos deux ombres dans des cercles fatigués. Je sais qui il a été. Je vois ce qu'il est devenu. L'inutilité des faux-semblants nous a fermé la bouche.

Je tente d'apercevoir l'heure sur sa montre. Je ferme mes boutons machinalement. Un jeune type s'affaire autour de nous, il est venu en visite. Son ami s'approche, gêné : Carlos, mon copain n'ose pas demander, mais il voudrait un autographe, il vient de ma cité, tu pourrais lui faire ça ? Ilich examine les deux gaillards d'un œil sec puis cherche l'inspiration devant une petite page déchirée de mon carnet.

Je fixe le ruban framboise dans les nattes d'une fillette devant moi. Elle court. Et le mince rectangle de tissu sursaute, comme prêt à s'envoler. Les deux jeunes s'éloignent, l'autographe entre les mains. Génial, génial !

Je vais l'encadrer ! Dans leur sillage flotte désormais un parfum d'allégresse. Ilich fixe le lointain, l'air victorieux. Même en route pour ses propres funérailles, il bomberait le torse.

Fin des parloirs ! crie la voix du maton.

Il m'envoie un baiser de la main puis disparaît. Ce soir, dans sa cellule, passeront les silhouettes de filles graciles, parées comme des poupées, ces filles amassées à grand prix qui dormaient dans son lit avant sa chute, des femmes à dollars. En rêve, Ilich leur glissera quelques douceurs, avant qu'invariablement elles ne s'éloignent. Un dernier signe discret de la main et c'est la nuit.

Magdalena

La plus grande histoire d'amour d'Ilich fut Magdalena Kopp. Cette Allemande, membre des RZ, les Cellules révolutionnaires, partagea sa vie durant quinze ans.

Leur fille, Rosa, vit aujourd'hui en Allemagne. Dès 2016, j'insiste pour la rencontrer, mais Ilich se montre réticent. Puis il accepte, à une seule condition : cette rencontre au sommet doit avoir lieu sous sa direction.

Rosa et moi devrons nous rendre toutes deux en parloir le même jour et il se chargera des présentations. Les tentatives d'organisation de ce conciliabule échouent : Rosa ne répond qu'épisodiquement au téléphone, avant de devenir totalement injoignable. Cet échec est incompréhensible pour Ilich, toujours surpris de constater que le monde ne se plie pas à ses volontés.

J'ai le sentiment que leurs rapports sont bien plus compliqués que ce qu'il m'en dit. Plusieurs mois se passent et, en désespoir de cause, je finis par envisager de tenter ma chance au culot en allant toquer à la porte de Rosa.

Ilich accepte de me donner son adresse. Après vérification sur Google Earth, Rosa semble habiter un imposant immeuble. Je m'inquiète quelque peu de faire deux mille kilomètres pour me retrouver devant un bâtiment avec trois cents boîtes aux lettres. Je n'ai aucune certitude de pouvoir accéder à son appartement, de la trouver chez elle et surtout de parvenir à entamer une discussion.

Tu verras, elle a les mêmes idées que sa mère, c'est une gauchiste écolo qui ne prend pas de médicaments, me prévient Ilich comme si c'était le signe évident d'une maladie mentale. Cela tombe bien. J'ai réalisé plusieurs enquêtes sur l'industrie pharma, la pollution et les produits chimiques. Ces sujets me passionnent. Je glisse les DVD de mes documentaires dans un sac et je pars pour l'Allemagne.

Arrivée à l'adresse indiquée, la fortune est avec moi : au pied de l'immeuble, je tombe nez à nez sur une jeune femme au visage incroyable. Comme dans un mauvais film, on dirait Ilich dans le corps d'une fille de 30 ans avec une poussette.

Je la fixe, stupéfaite, avant de parvenir à expliquer qui je suis. Rosa paraît à peine surprise de ma venue et m'invite à entrer. Son appartement ressemble à une succursale de boutique biologique. Son dernier fils, un bébé de quelques semaines, est posé sur le sol, nu et entouré d'un morceau de fourrure. Cet enfant est le portrait craché de son grand-père. Je reste décontenancée par cet HLM aux allures de bergerie, peuplé de clones d'Ilich.

Mes DVD à la main, je commence par expliquer que je n'ai pas l'habitude de travailler sur le terrorisme, mais la discussion s'engage bien plus facilement que je ne l'aurais cru. Nous parlons allergies alimentaires, perturbateurs endocriniens, glyphosate, etc.

La matinée se passe à boire du thé vert, Rosa est charmante et semble vivre dans une bulle. Elle me ressort des photos d'elle enfant en Syrie sous le régime d'Hafez el-Assad. Une petite blonde souriante dans les bras de sa mère, la belle Magdalena. À propos d'Ilich, elle paraît accablée, comme incapable de savoir ce qu'il convient de faire.

Je vais lui téléphoner, m'assure-t-elle, je n'ai pas le choix. De toute façon, regarde mon visage, regarde le visage de mon fils, on ne peut pas y échapper, c'est notre vie. Je lui demande si elle accepterait de témoigner pour le documentaire, elle me promet d'y réfléchir : « I want to help my father », conclut-elle, résignée.

À Poissy, le mois suivant, je montre à Ilich des photos de ses petits-enfants. J'explique que Rosa va bien, qu'elle est juste fatiguée et l'appellera lorsqu'elle ira mieux. Tu ne sais rien ! me coupe-t-il, irrité. Tu n'as rien compris, elle t'a parlé en anglais et tu n'as rien compris. Je sais ce qui se passe. Si elle ne m'appelle plus, c'est qu'il y a une raison.

Lui, il SAIT que les services secrets allemands se cachent derrière cette rupture de contact. Ce sont eux qui ont coupé le téléphone de Rosa. Il n'y a aucune autre explication possible.

La réalité semble trop dure à admettre.

Rosa n'a pas accepté d'être interviewée, cette histoire devenait trop anxiogène pour elle. Je songe souvent à l'une de ses réflexions : Ma mère pensait que mon père était un monstre, pourtant elle l'a aimé jusqu'à sa mort et elle se détestait d'aimer un monstre. Au début, elle avait choisi cette vie, mais après…

Et le jour de ma visite, Rosa avait baissé les bras en signe d'impuissance.

Magdalena. Une jeune femme silencieuse et ravissante qui donna longtemps l'impression de suivre le mouvement sans mesurer les conséquences de ses actes. Sa vie bascule à 24 ans, il lui semble subitement qu'elle doit tout sacrifier à la révolution. Jusque-là, elle s'est contentée d'être une militante gracieuse distribuant des tracts dans les manifestations d'extrême gauche. Cette lutte lui paraît d'un coup puérile et inutile. En 1972, Magdalena abandonne son mari et leur petite fille Anna pour devenir membre des RZ, les Cellules révolutionnaires allemandes. Elle entre dans la clandestinité et se métamorphose en fidèle soldate de la révolution.

Rapidement, elle partage la vie de Johannes Weinrich, lui aussi membre des RZ. Johannes se fait appeler Steve. Comme Steve McQueen. Le couple monte des actions violentes dans la nébuleuse autour de Wadie Haddad.

Ils fréquentent régulièrement Ilich et mènent avec lui plusieurs attaques avortées.

À partir de 1979, c'est le grand tournant. Johannes Weinrich et Magdalena se mettent au service d'Ilich qui vient de prendre une décision radicale : il monte son propre groupe révolutionnaire. Wadie Haddad est mort, la place est libre. Le Chacal peut enfin être chef ! Une dizaine de partisans rapplique.

Le groupe Carlos n'a pas d'agenda, pas de stratégie politique, pas de manifeste ou de logo. Leurs objectifs sont flous : faire la révolution et développer leurs relations avec les autres groupes révolutionnaires. À eux la grande vie ! Pour faire rentrer de l'argent, ils proposent des services multicartes : attentats, attaques, exécution de contrats divers, le tout en échange de cash, de faux papiers et de protections. Ilich continue de prôner la révolution, même si plus personne ne semble savoir de quelle révolution il parle.

La petite assemblée s'attire la bienveillance des pays soviétiques. Entre 1979 et 1983, Ilich installe son QG à Budapest et va vivre quasiment en permanence derrière le rideau de fer. En pleine guerre froide, le bloc de l'Est se réjouit d'avoir sous la main ce terroriste détesté à l'Ouest.

On l'observe avec attention. La surveillance des services secrets hongrois et est-allemands (la Stasi) est constante. Ilich est pris en filature durant des semaines sans interruption, les maisons où il réside ainsi que ses chambres d'hôtel sont systématiquement sur écoute.

Tout est consigné dans des kilomètres de dossiers. Régulièrement, les Hongrois et les Allemands interrogent Moscou sur ce qu'il convient de faire avec le groupe Carlos. Jamais ils n'obtiendront aucune réponse. Alors les filatures continuent et les retranscriptions d'écoute s'amoncellent.

Trouver de l'argent va devenir une obsession. Weinrich multiplie les séjours à Berlin-Est, prend des contacts, récupère des armes et des faux papiers. Magdalena et Ilich restent seuls à Budapest. Pourquoi se couche-t-elle dans le lit de son chef ? Plus tard, elle accusera Ilich de l'avoir prise avec violence, presque de force.

À en croire Ilich, c'est au contraire Magdalena qui l'a séduit, et lui a eu la faiblesse de céder. Elle a insisté pour qu'il lui étale de la crème dans le dos, elle était très bien faite, de jolis seins, de jolies fesses, alors il a compris le message ! C'est elle qui l'a attiré dans son lit. Évidemment, à son retour de Berlin, Weinrich s'est montré quelque peu contrarié, mais cela n'a guère duré. Ilich commandait et ils avaient du pain sur la planche. Il n'y avait rien d'autre à ajouter.

Les raisons pour lesquelles Ilich a jeté son dévolu sur Magdalena semblent limpides : elle était docile et très belle. Aujourd'hui, il se noie en arguties : à l'époque, chez les gauchistes, la mode était d'être sale et négligé. La plupart des femmes ne se lavaient même pas le sexe, de vraies dégoûtantes. Magdalena, elle, restait propre.

Le seul problème, c'était son allure. Elle s'habillait comme une merde. Un jour, elle est même arrivée en claquettes et tee-shirt pour préparer un attentat. Ilich l'a forcée à aller se changer, elle s'est exécutée sans broncher. Et il soupire avec la suffisance de celui qui remet les choses à leur juste place.

La chronique de leurs années de vie commune est incertaine, Magdalena s'attache à son nouvel amant comme un animal à son maître, semblant trouver en lui l'axe qui manquait à sa vie. L'amour est une science délicate.

Elle est désormais la femme du chef et se coule dans ce rôle de jeune muette affable à la peau presque translucide. Les journées passent vite, elle n'a même plus besoin de réfléchir. Ilich dirige tout, sait tout, contrôle tout, il n'y a qu'à lui obéir. Le pouls bat à son poignet. Il ment, s'énerve, la rudoie. Un vrai maître. La nuit, les couvertures tirées jusqu'au menton, la voix fluette de la petite Anna se fait insistante. L'enfant qu'elle a abandonnée l'appelle dans son sommeil agité. La fillette laissée sans nouvelles. Elle prononce son prénom avec peine, raidie par la honte. Le plus souvent, la voix s'éloigne. La petite demeure une présence floue à ses côtés. Magdalena secoue sa frange étroite et enfouit son visage dans son coude jusqu'à ce que le sommeil la prenne.

De nouveaux membres s'agglomèrent au groupe qui navigue entre Budapest, Prague et la Syrie. Des villas et des hôtels de luxe. Les meilleurs restaurants. L'arôme des vins fins, l'odeur des gâteaux frais que l'on s'empresse de leur servir encore tièdes, les carpes au ventre blanc. Ils se lèvent à midi. Une vie clandestine, sous de fausses identités. Magdalena trafique les photos et les passeports, surveille des cibles potentielles, récupère des informations. Elle fait la révolution sans se salir les mains, ce sont les autres qui posent les bombes, déchiquettent les corps des passants et récupèrent l'argent des contrats. Durant trois ans, elle traîne son air mélancolique. Chasse des pensées sombres comme l'intérieur d'une bête. La fuite en avant lui ferme la bouche.

En 1982, Ilich reçoit une commande syrienne pour un attentat à Paris. Les services d'Hafez el-Assad veulent assassiner le rédacteur en chef du journal antisyrien *Al Watan Al Arabi*. Ilich ne peut pas honorer la commande lui-même ; il y a bien longtemps qu'il lui est impossible de poser un pied en Europe de l'Ouest. Il va falloir que quelqu'un se dévoue. Et il est grand temps que Magdalena surmonte ses pudeurs de vierge effarouchée, d'autant qu'elle pourrait profiter de son séjour à Paris pour poser une bombe devant l'ambassade du Koweït qui refuse de payer son écot au groupe.

Mais Magdalena ne veut pas aller à Paris. L'idée de poser des bombes la rend malade. Ilich la force. S'énerve. Putain, c'est pour la cause. Un petit voyage de rien du tout. L'affaire d'une semaine ! Comme elle pleurniche, finalement, il lui promet de l'épouser à son retour. Allez, ce sera vite passé, dans huit jours, elle sera rentrée et ils se marieront. Magdalena vacille, finit par prendre la route avec Bruno Bréguet, un terroriste suisse. Sur le papier tout semble simple.

Arrivés à Paris, c'est la Bérézina. L'hôtel dans lequel ils sont censés loger a fermé. Ils ont rendez-vous avec un type de l'ETA pour récupérer une voiture contenant des bombonnes de gaz, des explosifs et des pistolets automatiques. Le militant basque ne donne pas signe de vie. Magdalena se fait voler son sac à main contenant l'argent de l'opération et les faux passeports. Elle prend peur, appelle Ilich en pleurs d'une cabine téléphonique. Elle veut rentrer. Elle n'en peut plus. Il l'engueule, crie. Elle doit arrêter son cinéma de gamine ! C'est quoi ces caprices ? Il lui raccroche au nez.

Le 16 février 1982, le Basque finit par arriver. Magdalena et Bruno Bréguet récupèrent les clés de la Peugeot 504 garée dans un parking de l'avenue George-V, mais impossible de sortir la voiture du parking, ils n'ont pas le ticket de stationnement.

Des vigiles repèrent leur manège et demandent à voir le ticket. Bréguet panique, tente de tirer, son pistolet s'enraye, il se retrouve plaqué à terre. Magdalena s'enfuit avant d'être rattrapée presque immédiatement sur les Champs-Élysées. En quelques minutes, ils sont faits comme des rats. Un duo d'amateurs. Les flics retrouvent tout ; les plans, les bombonnes, les pistolets. Les deux pieds nickelés atterrissent à la prison de la Santé.

À Budapest, Ilich fulmine. La Syrie l'a prévenu sur-le-champ du fiasco qui venait de se produire. Ça ne va pas se passer comme ça. Magdalena est la femme du chef ! Elle lui appartient, qu'on ne s'y trompe pas, c'est elle qu'on attaque, mais c'est lui qui est humilié.

Deux jours plus tard, Gaston Defferre, le ministre de l'Intérieur, reçoit une lettre de menaces signée des empreintes d'Ilich. Le message est très clair : si Magdalena et Bréguet ne sont pas libérés, il se vengera. Le gouvernement prend peur : Jean-Louis Debré, alors juge d'instruction, se voit sommé d'être indulgent, quitte à travestir les faits. La tentative d'homicide est subitement requalifiée en simple détention d'armes. Dans l'espoir d'éviter un bain de sang, le dossier criminel devient correctionnel.

Ilich me confirme avoir passé un accord avec le gouvernement : il avait tout arrangé avec Defferre, ils avaient un deal ! Magdalena et Bréguet étaient supposés passer quelques mois en prison puis sortir, c'était convenu comme ça. Un bon deal. Au début tout se passait bien. Jean-Louis Debré a été magnifique. Mais putain, Mitterrand a joué double jeu dans cette affaire, ils ont été trahis : Magdalena a pris quatre ans et Bréguet cinq ans. C'est pas du tout ce qui était convenu.

Un sourire glacial passe sur les lèvres d'Ilich : alors il s'est vengé et la France a payé, ah ça la France a bien payé ! Defferre et Mitterrand ont regretté de ne pas avoir respecté l'accord, mais c'était trop tard. Il s'est vengé bien plus largement que les conneries qu'on lit dans la presse.

Le gouvernement était prêt au déshonneur pour éviter un massacre, il aura le massacre et le déshonneur. Partout, le chaos et des cadavres. Officiellement et comme toujours, Ilich ne reconnaîtra aucun des attentats, pourtant on devine sa main derrière une liste interminable de bombes :

— 15 mars 1982 : une bombe au centre culturel français de Beyrouth.

— 29 mars 1982 : une bombe dans le train Paris-Toulouse, cinq morts, vingt-sept blessés.

— 17 avril 1982 : une bombe à l'agence France-Presse de Beyrouth et assassinat d'un diplomate français et de sa compagne à Beyrouth.

— 19 avril 1982 : une bombe dans les bureaux d'Air France à Vienne.

— 19 avril 1982 : une bombe contre l'ambassade française à Vienne.

— 22 avril 1982 : une bombe au siège du journal *Al Watan Al Arabi*, rue Marbeuf, à Paris, un mort, soixante-huit blessés.

— 24 mai 1982 : une voiture piégée explose à l'ambassade de France à Beyrouth, onze morts.

— 25 août 1983 : une bombe à la maison de France à Berlin, un mort, vingt blessés.

— 31 décembre 1983 : deux bombes dans le train Marseille-Paris, trois morts, quinze blessés.

— 31 décembre 1983 : une bombe à la gare Saint-Charles à Marseille, deux morts, trente-quatre blessés.

Certaines de ces attaques permettent à Ilich d'assurer sa vengeance personnelle tout en soignant les intérêts de ses clients syriens. Il s'amuse à jouer sur les deux tableaux. Au début des années quatre-vingt, ces attentats vont traumatiser la France. La figure de Carlos est omniprésente, mais il demeure introuvable. Bien à l'abri en l'Europe de l'Est et en Syrie, il sous-traite la sale besogne.

Le 31 décembre 1983, dans le train pour Paris, des familles, des enfants, en tenue chic pour la nouvelle année qui s'annonce. Alors que les deux bombes explosent, leurs têtes s'en vont rouler contre le sol. Weinrich, l'exécuteur des basses œuvres, a réussi son coup. Au même moment à Tripoli, dans le nord du Liban, le temps s'est dégagé et Ilich vient de recevoir des caisses de whisky pour agrémenter son réveillon.

Vingt-huit années plus tard, lors de son procès, Ilich clamera son innocence, jurera ses grands dieux n'être pour rien dans cette affaire, la preuve : il ne se trouvait même pas en France à ce moment-là. Désormais, dans le silence du parloir, il me sourit et ricane : C'est moi et mes camarades. On les avait prévenus. Mes camarades ont fait sauter les trains pour moi.

Beaucoup de ces attentats sont aujourd'hui tombés dans l'oubli et n'ont jamais été jugés. Ma liste n'est sans doute pas exhaustive. Je ne suis pas parvenue à retrouver les noms de toutes les victimes, la plupart n'ont perçu ni aide ni indemnisation. Les comptes rendus d'audience des rares affaires jugées reprennent des récits de chefs de gare, de mécaniciens, de victimes. Un ballet sanglant de bras arrachés et de corps déchiquetés :

29 mars 1982. *Le train part de Paris à 18 heures en direction de Toulouse. 140 km/h. Explosion à 20 h 40 dans la voiture 18. Le train s'arrête en rase campagne. Spectacle épouvantable. Indescriptible. À l'avant du wagon 18, un cratère dans le plancher. Le plafond a été soufflé, le toit est crevé. Trois cadavres à l'intérieur. Deux cadavres à l'extérieur. De la poudre dans un rayon de 150 mètres. Autour du cratère, plus de cloisons, plus de sièges dans le compartiment. Des débris et du sang partout, des corps déchiquetés. Les gens hurlent… C'est la nuit.*

22 avril 1982. *Deux femmes qui gisent dans la rue, les jambes écartées, l'une est morte, la cervelle éparpillée sur le trottoir.*

31 décembre 1983. *Deux bombes à quelques minutes d'écart. Une dans le TGV « le Valenciennes » à Tain-l'Hermitage, 19 h 42, ce sont des images apocalyptiques. Des morceaux du train dans les arbres. Le wagon 3 était éventré sur 8 mètres. Deux personnes étaient décédées. Des*

traces de sang, une odeur de poudre. Une « vision édifiante ». Marie-Louise N. est décédée, sa tête est tombée sur les genoux de sa fille.

29 mars 1982. *« J'étais dans le wagon 21, à 6 ou 7 mètres de la bombe. Je me suis réveillé, après trois jours de coma, au CHU de Limoges. J'étais polytraumatisé et aveugle. »*

29 mars 1982. *« J'ai pensé à une explosion de gaz. Mon but était de me sauver, j'ai voulu marcher, j'ai traversé, mais j'avais le dos brûlé, j'étais en sang et mes jambes ne répondaient plus. Je les ai touchées. Ma jambe gauche est grièvement blessée. Mon artère est arrachée et le sang coule sur 1 mètre. Je m'éloigne à cloche-pied. J'ai hurlé de douleur mais j'ai traversé afin de me rapprocher du tabac pour être en sécurité. J'ai vu le corps de la femme décédée. »*

29 mars 1982. *« L'identification du corps de Jean-Pierre C. a été compliquée. Il n'avait plus de visage, plus de tête, pratiquement plus rien sur le haut du corps, un membre inférieur était lui aussi très abîmé. Ce corps effroyablement mutilé n'était pas reconnaissable par son épouse ou sa fille.*

Ce n'est que grâce à une précision vestimentaire (Monsieur C. était frileux et avait l'habitude de porter des caleçons longs pour se protéger du froid) qu'une identification formelle a pu être faite. »

Etc.

La liste semble infinie. Des cadavres impossibles à sauver du néant.

Pendant trois ans, Magdalena dort en prison. Chaque matin, elle se réveille dans une sorte de flottement, replie ses mains au creux de son ventre puis attend. Quelques visites de son avocat, Jacques Vergès, qui tente de coucher avec elle. Les jours passent, la tête infestée de pensées vagues et floues qui ne mènent nulle part. Que sait-elle de la litanie des morts ?

À l'Est, les coups d'éclat d'Ilich épuisent tous les services de sécurité. Il s'autorise des courses-poursuites contre la police en plein Budapest, exhibe ses armes en centre-ville, tire des coups de feu…

Les attentats de 1982/1983 en France sont le coup de grâce. Le bloc de l'Est craint d'en être tenu responsable dans les années à venir. D'autant que le vent de la révolution prolétarienne a cessé de souffler, le rideau de fer commence à se fissurer. On n'a plus guère besoin de lui ici. Ilich doit dégager. La seule porte de sortie qui se présente est la Syrie d'Hafez el-Assad, qui accueille à bras ouverts tous les ennemis de la France.

Le voilà donc à Damas. Cette réclusion dorée va se prolonger dix ans. Une décennie durant laquelle il ne peut guère sortir du pays et reçoit à domicile. En 1984, il offre une généreuse hospitalité à Abdelaziz Bouteflika qui vient de s'enfuir d'Algérie après avoir détourné soixante millions de francs. Les deux hommes sont toujours restés en bons termes depuis les transactions secrètes de l'OPEP. À Damas, ils déjeunent ensemble quotidiennement et organisent des fêtes mémorables. Cette simple évocation rend Ilich hilare : Bouteflika aimait beaucoup les femmes, ils ont bien profité. C'est quelqu'un de bien Bouteflika, un type loyal. Et d'ailleurs, si Ilich avait eu la nationalité algérienne, il ne moisirait pas en prison, son ami l'aurait sorti de là depuis longtemps.

En mai 1985, Magdalena, libérée pour bonne conduite, file en Allemagne chez sa mère, une petite employée sourdement hostile à l'extrême gauche. La jeune femme y reste les bras croisés, comme pétrifiée par l'attente. Un soir, Ilich lui téléphone : « C'est moi ! » dit-il simplement avant de raccrocher. Magdalena accourt ventre à terre en Syrie. Comme un chien qui rentre chez son maître. Ilich tient sa promesse et ils se marient. Leur fille naît en 1986. Rosa, une enfant, pâle et rieuse.

Ilich est heureux. Encore aujourd'hui, il évoque avec émotion cette période bénie. Dès 3 ans, Rosa parle arabe sans accent ! Une petite Damascène blonde aux yeux verts. La famille occupe une vaste villa dans un quartier bourgeois, des dizaines d'hommes armés assurent leur sécurité. Les affaires marchent bien. Le gouvernement syrien se montre reconnaissant. Ilich se vante de dispenser ses conseils à Ali Mamlouk, proche conseiller d'Hafez el-Assad (et actuel conseiller spécial de Bachar el-Assad) sur la manière de faire passer des mallettes d'explosifs ou de fabriquer des bombes. Tout est parfait. C'est ainsi que la vie doit être.

À l'époque, Hafez el-Assad recherche des mercenaires. En pleine guerre civile, il vient d'envahir le Liban et Ilich sera son homme pour des incursions punitives. Après les combats de sa jeunesse, il revient donc à Beyrouth, mais le temps de la révolution est loin, désormais il travaille comme tueur à gages.

Lors de notre tournage au Moyen-Orient, on nous a raconté cette époque où Ilich se faisait appeler Michel et restait caché durant des semaines dans des villages du Nord, à l'abri des regards, ivre du matin au soir. On évoque des contrats de plusieurs millions de dollars pour des assassinats sur commande. Ilich le reconnaît lui-même, ce fut une période d'impunité totale : la guerre du Liban, c'était terrible pour tout le monde, sauf pour eux. Pour eux, c'était bien. Ils circulaient partout à trois ou quatre bagnoles, avec leurs armes, ils avaient des papiers syriens, des autorisations militaires. Le Liban, c'était un pays artificiel qui appartenait à la grande Syrie. Ils étaient chez eux. Ils faisaient ce qu'il voulaient. Avec Weinrich, ils avaient les mains libres pour buter les traîtres.

Pendant ce temps à Damas, Magdalena élève la petite et organise des goûters d'anniversaire. Des soirées déguisées. L'agitation autour d'elle ne la concerne pas. Si des cris ou des coups de feu éclatent, elle ne lève même pas les yeux, comme si rien ne pouvait pénétrer son univers. Il y a probablement une guerre, mais elle fait mine de ne pas savoir laquelle. Sur une photo, on voit la famille attablée dans un restaurant, souriant devant une coupe de crème chantilly. Un cliché pris par beau temps, le soleil inonde la table.

Au fil du temps, l'étau se resserre. Ilich se terre, comme pris dans une souricière. Mis à part le Liban, il ne peut se déplacer nulle part. L'Europe de l'Ouest lui est interdite depuis longtemps, le bloc de l'Est lui a retiré son soutien. Quant au monde arabe, ses contrats juteux de mercenariat lui ont fait perdre beaucoup de crédit. Alors il tourne en rond, paranoïaque, se persuade d'être entouré de traîtres. Plusieurs de ses proches disparaissent mystérieusement. Il assure n'être pour rien dans ces absences subites. Magdalena en garde, elle, un souvenir glaçant.

Un soir, Mustafa Al Sibai, l'un des fidèles lieutenants, passe à la villa. Ils prennent un café dans la cuisine, Ilich lui trouve une intonation étrange dans la voix. Et un regard sournois. Il est alors foudroyé par une certitude : Al Sibai est un agent double. Un vendu. Sans autre forme de procès, il se lève d'un bond, saisit son revolver et l'abat d'une balle dans la tête sous les yeux épouvantés de Magdalena. Sidérée, elle ne peut détacher son regard du mur sanglant, des débris de cervelle dans la coupelle de fruits. Dans les tasses de café. Partout des éclats d'os, des rebuts de chair, des miettes de peau. Ilich enfourne le cadavre dans un sac plastique et charge l'un de ses hommes de s'en débarasser dans la montagne. Des passants le découvriront plus tard. Des jours durant, en buvant le café du matin, Magdalena trouvera dans sa cuisine de minuscules parcelles de sang séché.

Son heure lui semble s'approcher. Le moment où Ilich la collera contre un mur et l'étranglera. Lui enfoncera son revolver dans la bouche parce qu'elle aura eu une intonation de voix inexplicable. Une traîtresse, elle aussi. Ou parce que la petite Rosa se sera mise en travers de son chemin. Et leurs cervelles flotteront dans l'eau grasse de l'évier. Magdalena la muette hésite à s'enfuir. Elle patiente, raidie au fond de son terrier, comme un animal traqué.

Au fil des mois, la situation de la famille s'obscurcit. À partir d'août 1990, la guerre du Golfe éclate, les pays arabes vont s'allier les uns après les autres avec les USA contre l'Irak de Saddam Hussein. La Syrie s'efforce de montrer patte blanche en se débarrassant de ses terroristes. Ilich est un poids mort. Plus grand monde n'a intérêt à protéger un terroriste *has been* et sa famille.

Pour les cinq ans de la petite, Magdalena convie toutes les huiles du régime d'Hafez el-Assad. Les sourires sont de façade, et quelques jours plus tard, on leur donne six mois pour plier bagage. Weinrich décide de quitter le navire et s'envole seul pour le Yémen. Presque soulagé de s'éloigner d'Ilich, dont il craint désormais les coups de sang.

La famille Ramírez espérait un nouveau point de chute accueillant, mais c'est la désillusion. Ils errent de capitale en capitale. Les autorités libyennes les bloquent à l'aéroport de Tripoli. Humiliation suprême, leurs bagages sont fouillés pour dresser la liste de leurs armes, un tel camouflet ne s'était jamais produit en vingt ans de clandestinité. Au Yémen, c'est la même comédie, on les enferme deux jours dans l'aéroport avant de les refouler. Finalement, la Jordanie accepte de les accueillir temporairement s'ils se font discrets. Les Ramírez prennent la direction d'Amman.

Ces pérégrinations ont coûté la bagatelle de cent mille dollars. Magdalena supplie Ilich de la laisser partir avec la petite. En juin 1992, la mère et la fille s'envolent pour le Venezuela. Ilich pourrait parfaitement faire partie du voyage, mais il refuse obstinément d'abandonner la partie ; s'il rentre, c'en sera fini pour toujours de ses rêves de grandeur et de révolution. Il va se refaire, la chance va tourner.

Ilich n'a jamais pardonné la fuite de sa femme. Dans le fond, elle voulait une petite vie tranquille. Elle n'avait plus le courage de continuer la lutte armée ! m'assure-t-il en plissant les lèvres de mépris. Elle s'est plainte que j'avais tué des gens, encore heureux que je tuais des gens. C'était mon métier, il fallait bien que je le fasse ! Elle pleurnichait en regrettant tous ces morts. Pfff, n'importe quoi. On n'en a pas tué assez ! Son père était un type bien, un vieux nazi, un type très bien, mais elle, c'était vraiment une conne ! éructe-t-il en fixant le fond de son gobelet de café.

Ilich a désormais converti son ressentiment en querelles financières. Lorsqu'il évoque le départ de Magdalena, c'est pour faire le compte de l'argent dépensé : il lui a donné cent vingt-sept mille dollars pour rentrer au Venezuela. Et à Caracas, ses frères avaient récupéré un million de dollars pour qu'elle puisse vivre. Elle avait la belle vie, cette salope.

Le condottiere

Condottiere : Apparus en Italie au Moyen Âge, les condottieres ou condottieri (de l'italien condotta, « contrat de louage ») sont des chefs d'armées de mercenaires. Soldats réguliers démobilisés ou nobles en mal de gloire, ils mettent leur art de la guerre au service d'États. Leurs services sont généralement rémunérés en espèces.

À chaque parloir, Ilich me tend des enveloppes contenant des bons de réabonnement pour une multitude de journaux. Depuis quelque temps, ses donateurs disparaissent les uns après les autres et un communiste turc qui le finançait depuis des années vient de décéder. Alors, ses demandes financières se font pressantes : J'ai reçu une relance pour *Le Figaro*, pourquoi la production n'a pas payé ? J'ai besoin d'un abonnement de deux ans. Ils m'exploitent gratuitement, ils peuvent tout de même faire un geste. Comment je vais faire si mes abonnements s'arrêtent ? J'opine, l'air assuré de celle qui va trouver une solution. Je sais, je sais. Avec le ton conciliant que l'on réserve aux enfants. Et *Le Figaro* n'est que l'arbre qui cache la forêt. Une quinzaine de journaux menacent de subir le même sort. Ilich semble réellement atteint. Son désarroi me rassure presque. Un homme, juste un homme. Il reste là, bruyant, vulnérable. Le buste raide. Demande à la production, dis-leur que sinon j'arrête tout ! Tu arrêtes tout quoi ? J'arrête le film, j'arrête de te voir. Ah, ok. Lui et moi savons très bien quelle est la valeur de cette « menace ». Nulle. Il continue l'air de rien. Vois ce que tu peux faire, essaye de trouver quelque chose, s'il te plaît, je suis vraiment dans la merde. Je lis *Le Monde* et *Le Figaro* tous les jours depuis cinquante ans, tu sais. J'ai commencé en août 1966. Mon père avait été élevé par des curés français, il était francophile et il m'avait dit : il faut que tu parles français ! Et voilà.

Je repars avec les enveloppes de réabonnement, elles iront s'empiler dans la poche latérale de mon sac. Elle reste ouverte, béante. Tous les jours, les papiers blancs agrippent mon regard, comme une plainte incessante. Je lui ai déjà expliqué mille fois qu'il était impossible de le rétribuer même de manière indirecte. Mes arguments lui semblent tellement absurdes qu'il insiste, effaré qu'on puisse lui refuser de telles bagatelles. Au fil du temps, j'ai cessé de répéter et ses protestations s'amenuisent. Ses sautes d'humeur se font de moins en moins fréquentes, il semble fatigué et ressasse : il n'aurait jamais cru qu'il se retrouverait un jour dans cette situation. S'il avait su, il aurait envoyé des gens extorquer de l'argent à la Libye quand il était encore temps. Avec tout ce qu'il sait, il aurait pu récupérer un paquet de fric s'il avait ouvert la bouche, mais maintenant c'est trop tard. Kadhafi est mort et il n'y a plus personne sur qui faire pression. Il n'a jamais rien demandé aux Libyens parce qu'il avait de l'argent. Il a eu tellement de fric, c'est inimaginable de finir comme ça.

À l'entendre, ses affaires ont toujours fonctionné comme sur des roulettes. Une multinationale de la révolution. Les propositions affluaient de toutes parts. Certains courriers échangés avec Weinrich laissent pourtant entrevoir une situation parfois bien différente. Ainsi en 1983, le groupe frôle la faillite : il leur reste cinq cents dollars. Weinrich se livre à des comptes d'apothicaire, dresse la liste des « prospects » en vue, on vient de leur commanditer l'assassinat d'un dirigeant du groupe français Pechiney et de diverses cibles diplomatiques, des trafics d'armes, des projets d'attentats et d'extorsions de fonds. Bref, les affaires courantes. « Steve » et « Michel » évaluent les chances de réussite. Les lieux, les gens, les actions apparaissent sous des noms de code. La vie clandestine les a rendus paranoïaques, tout est cloisonné, les informations circulent très peu. Dans leurs bagages, une multitude de faux passeports diplomatiques délivrés par Ceausescu puis Kadhafi. Ils guettent, à l'affût du moindre contrat. Et ne s'embarrassent plus de prétendre défendre les pauvres et les opprimés.

Les commandes de Kadhafi se révèlent salvatrices. Ilich se comporte avec lui comme un commercial fatigué par ses clients, il refuse de le gérer et laisse Weinrich se débrouiller seul : le vieux était complètement incontrôlable et paranoïaque. Il fallait voir le cirque, comme il craignait d'être assassiné, il dormait dans sa voiture, assis à côté du chauffeur avec un officier de sécurité à l'arrière. À chacun de ses réveils, la voiture changeait immédiatement d'endroit. Avec le temps, c'est devenu impossible d'avoir une conversation avec lui. Il était constamment sous médicaments et excité.

Kadhafi cherche des exécutants et n'a pas grand monde à qui proposer ses contrats délirants. Les commandes qu'il passe au duo Ilich/Weinrich sont régulières et corroborées par les archives de la Stasi.

En 1980, le Libyen veut se venger de Ronald Reagan qui l'a humilié et mis au ban de la communauté internationale, il propose dix millions pour le buter. Ilich préfère renoncer. On n'était pas au niveau, m'avoue-t-il dans un accès de réalisme étonnant. Mais aucun problème, Kadhafi a également des vues sur Sadate, le président égyptien dont il veut la peau car il a fait la paix avec Israël. Un contrat d'un million de dollars. Une aubaine.

Aujourd'hui, Ilich tente de trouver une nécessité politique à cette commande et ses justifications sont pour le moins embrouillées : Sadate était un traître, il avait travaillé pour les services anglais avant d'être acteur de cinéma. Et c'était un drogué alcoolique. Dès son réveil, il avalait un verre de whisky. Venant d'Ilich qui a souvent bu démesurément, la critique ne manque pas de piquant.

Bref, Sadate méritait la mort. Ilich et Johannes Weinrich se lancent à corps perdu dans ce tout nouveau et excitant projet. Mais la chance n'est pas de leur côté. Par deux fois, ils seront dénoncés par les services secrets égyptiens. Puis ils se font doubler par les Frères musulmans qui parviennent à assassiner Sadate avant eux. Et le million de dollars leur passe sous le nez.

Un autre de leurs contributeurs réguliers fut Arafat. Ilich m'assure qu'il accédait à toutes leurs demandes et se vante d'avoir ainsi obtenu quantité de faux passeports irakiens. Mais ses obsessions esthétiques reprennent vite le dessus : Arafat était gentil avec lui, mais putain, il puait ! Il le tenait sans cesse par la main et dégageait une odeur épouvantable. Sans compter qu'il ne savait pas s'habiller. Ils ont fini par se fâcher en 1979, Arafat a refusé de leur donner un million de dollars, alors même qu'Ilich venait de lui rendre un très grand service. Ah bon, quel service lui avait-il donc rendu ?

Ilich esquive avant de me raconter une histoire invraisemblable : un émissaire d'Arafat serait allé chez le prince Fahd d'Arabie Saoudite réclamer de l'argent pour l'OLP. L'entretien se déroule mal. Soudain, l'émissaire d'Arafat brandit une photo de Carlos, la tend au prince Fahd en lui disant, « voilà, c'est pour votre collection ! ». Le roi ouvre alors une petite boîte en bois précieux posée sur son bureau dans laquelle il conserve pieusement deux autres photos de Carlos. Il saisit ce nouveau cliché qu'il fixe un long moment avec ravissement et s'empresse de le cacher dans la boîte. Immédiatement, l'ambiance se détend et le prince Fahd fait apporter des mallettes de billets pour l'OLP : seize millions de dollars ! Sur cette somme, Ilich exige de recevoir un million, ce n'est que justice vu l'effet produit par sa photo magique. Le strict minimum.

Le prince Fahd était connu pour tenir Ilich en piètre estime, cette anecdote a donc des allures de conte pour enfants, mais Ilich ne se démonte pas et m'en a fait le récit une bonne dizaine de fois. À l'entendre, cet ingrat d'Arafat a refusé de partager son butin et leur a royalement proposé cinquante mille dollars par mois. Évidemment, ils ont refusé. Putain, qu'est-ce qu'il croyait Arafat ? Qu'ils étaient ses salariés ? Ils n'allaient pas venir lui quémander un salaire tous les mois. Ils ont filé à Tripoli régler ça avec Kadhafi. Lui, il n'a pas lésiné sur les moyens et leur a donné trois millions de dollars immédiatement. Pour se faire pardonner de sa radinerie, Arafat les a alors mis en contact avec le président de l'OLP en Roumanie. Et ça tombait à pic, Ceausescu cherchait des types comme eux.

Ils ont tout de suite été autorisés à créer une base à Bucarest. L'hospitalité roumaine, c'était quelque chose : tout ce qu'ils demandaient, ils l'obtenaient : des centaines de faux passeports et des armes de guerre en quantité astronomique. Les Roumains prétendaient que les armes étaient fabriquées chez eux. Tu parles ! C'était un arsenal russe qui datait de la Seconde Guerre mondiale.

Ça se voyait au premier coup d'œil, mais ils n'ont pas fait d'histoires. Ils ont bien profité. Ceausescu leur a même donné un million de dollars. Et pourquoi donc ? Ilich élude évasivement. C'était un don sans raison particulière, juste par amitié.

En réalité, Ceausescu cherchait des hommes de main pour quelques menus services. Comme la tête du rédacteur en chef de Radio Free Europe. Une radio libre basée à Munich, financée par les USA, et qui militait contre son régime. Encore une fois, le contrat est à un million de dollars. Le 1er février 1981, Weinrich dépose une bombe devant le bâtiment. Huit blessés graves, et plusieurs millions de dégâts. Le rédacteur en chef s'en sort indemne, Weinrich et Ilich n'ont pas visé les bons locaux. Ceausescu, déçu, se demande s'il n'a pas embauché des bras cassés, mais paye malgré tout.

À partir de la fuite en Syrie, de 1983 à 1991, les commandes se font de plus en plus rares et Kadhafi les délaisse au profit d'autres groupes de mercenaires plus discrets. À Damas, Ilich vit de coups financiers crapuleux et de l'aide que l'on veut bien lui apporter. Le salut va venir de quelques pestiférés qui ont trouvé grâce aux yeux d'Assad, notamment des anciens nazis. Lui, le communiste, doit désormais son salut à des fascistes, quelle est la logique de ce retournement tortueux ? Ilich ne semble guère gêné et me l'explique comme si c'était la meilleure décision qu'il pouvait prendre : quand il était jeune, évidemment, il considérait les nazis comme des monstres, des violeurs. Par la suite, il s'est rendu compte que la cause palestinienne était financée en partie par des anciens SS. Et c'étaient des gens très bien ! Il y avait quelques psychopathes, c'est sûr, mais dans l'ensemble les nazis étaient des personnes respectables ruinées à cause de la France. Et ils se sont montrés admirables avec le FPLP.

Il s'associe donc sans hésitation avec ces nouveaux alliés. D'autant que son père spirituel l'a précédé dans cette voie. Wadie Haddad fut longtemps intime avec un puissant nazi suisse : François Genoud. Ce banquier à l'allure modeste et insoupçonnable fut l'exécuteur testamentaire d'Hitler et de Goebbels. Après la guerre, Genoud s'est converti à l'islam et a consacré son temps et sa fortune à servir des mouvements antisionistes comme le FPLP.

Coincé à Damas, Ilich va trouver en François Genoud son principal protecteur. Les deux hommes deviennent rapidement inséparables. Ilich en parle avec une affection réelle, semblant encore impressionné qu'un type de cette trempe l'ait secouru : Genoud était un grand monsieur et lui a apporté une aide considérable ! Avec d'autres banquiers nazis, il servait d'intermédiaire pour des transactions financières et s'est montré héroïque. Il répétait « je vis comme mon Führer », il était devenu végétarien et ne buvait pas une goutte d'alcool. Un jour, à Damas, Ilich a tenté de l'enivrer : « Allez, on va trinquer à l'anniversaire du Führer ! » Genoud a refusé mais Ilich a rempli son verre de force avec du Dom Pérignon impérial : « C'est pour le Führer ! » Genoud a avalé deux petits verres de champagne. Il n'avait jamais bu d'alcool de sa vie. Il titubait.

Le vieux nazi a de l'entregent et plus d'un tour dans son sac. L'une de ses cartes secrètes s'appelle Hildebrand Gurlitt, un collectionneur d'art allemand. Avant la guerre, des familles juives aux abois se sont trouvées forcées de lui vendre pour trois fois rien des milliers de tableaux : Renoir, Matisse, Picasso, Chagall, Kokoschka, etc. Ces toiles de maître vont s'entasser pendant des décennies dans l'appartement de Munich où Gurlitt vit reclus avec son fils Cornelius.

À partir des années cinquante, quand Genoud se trouve à court d'argent pour financer des nazis en fuite, il rend une petite visite au vieux Gurlitt, récupère un tableau, le vend et renfloue les caisses. Le vieux meurt en 1956. Des années plus tard, en Syrie, les deux compères ont sollicité à nouveau le fils Gurlitt, mais cette petite salope n'a rien voulu donner. Ilich est monté sur ses grands chevaux : Putain, c'est pas possible, on va faire un commando et tout embarquer. Genoud a refusé catégoriquement : le père Gurlitt était un type bien, on ne peut pas se conduire de la sorte avec son fils ! De mauvaise grâce, Ilich a laissé tomber. Imaginer cette réserve à portée de main le rendait fou. Le fils Gurlitt, ça n'aurait pas été un problème de le descendre, de toute façon il était taré. En 2011, les flics ont retrouvé plus de mille quatre cents œuvres d'art chez lui, planquées derrière des boîtes de conserve périmées, tu imagines ? Ils auraient bien fait de le buter !

Mais Ilich tient à me rassurer : les sources de revenus ne manquaient pas. Les deux hommes avaient mis en place un système de racket : lorsqu'un contrat de ventes d'armes était signé entre deux pays, on les prévenait. Leurs informateurs étaient d'anciens nazis qui travaillaient comme banquiers en Suisse ou bien qui s'étaient réfugiés dans les pays arabes. Dans tous les contrats, il y a toujours une commission occulte pour l'apporteur d'affaire, eh bien, ils demandaient 10 % sur cette commission. Le marchand d'armes recevait une lettre avec les empreintes d'Ilich et un avertissement : « On demande votre solidarité avec la cause palestinienne » et voilà, ça marchait à tous les coups. Un système parfait ! Ilich croise les mains d'aise sur son ventre rebondi.

Ils avaient aussi d'autres combines, par exemple, ils avaient imaginé une tentative d'extorsion de fonds de l'homme d'affaires saoudien Akram Ojjeh. Ça a encore mieux marché que dans leurs rêves. Ils lui font comprendre qu'ils ont le projet d'enlever son fils. Pour les convaincre de renoncer, le magnat leur verse immédiatement dix millions de dollars dont sept atterrissent dans la poche d'Ilich. C'était incroyable, cette affaire !

Ilich mène donc ses petites transactions avec aisance. La plupart des Syriens le prennent pour un général soviétique. À l'époque, Moscou et Damas sont alliés. Il conduit des voitures neuves munies de vieilles plaques de la sécurité. Tout le monde comprend qu'il travaille pour le gouvernement. Et les amis du gouvernement sont ses amis. Le régime de Damas est un refuge sûr pour les anciens nazis. Comme Alois Brunner. Cet ancien officier SS, ex-directeur du camp de Drancy, a déporté plus de cent trente mille Juifs et organisé des rafles dans toute la France. Après la guerre, il réussit à s'enfuir. Hafez el-Assad lui accorde sa protection en échange de « services ». Brunner va former les chefs des renseignements syriens aux techniques de torture qu'il a utilisées durant le IIIe Reich. Il fait aussi un peu de business et cultive ses relations.

Ilich m'assure que c'est le vieux nazi qui a demandé à le rencontrer et semble avoir été très flatté de cette amitié. Au début, il ne comprenait pas pourquoi on protégeait tant ce monsieur âgé. Brunner était un type sacré. On racontait partout qu'il avait fait beaucoup pour l'armée syrienne. Un vieillard malade, très gentil. Ilich me mime la démarche hésitante de Brunner, s'efforçant de la rendre touchante en esquissant un sourire fatigué, il chuchote et me répète les mots de Mme Brunner lorsqu'elle le saluait, la main sur la poitrine, bienveillante : Ah, vous êtes Carlos, enchantée, vraiment enchantée !

Les deux hommes s'associent pour quelques affaires. Par exemple, Ilich a mis en contact les gens de Brunner avec le cartel de la Bekaa et la mafia de l'or en Russie. Une idée magnifique. Le cartel de la Bekaa vivait du trafic d'héroïne au Liban. Les bateaux emportaient la poudre vers l'Italie et rentraient avec des coupures en dollars. Ils avaient besoin de blanchir leur argent. Ilich et son groupe ne voulaient pas s'en occuper eux-mêmes. Eux, ils ne touchaient pas à ces histoires de drogue. Alors il a proposé le deal aux gens de Brunner. Ça les a intéressés. Ils apportaient l'argent en espèces à Moscou, achetaient cash des bijoux et de l'or qui étaient ensuite revendus au Moyen-Orient. Et voilà. Il a mis tout le monde en contact, ces gens se sentaient redevables envers lui. En échange, s'il leur demandait d'éliminer quelqu'un, ils le faisaient.

Brunner avait aussi fondé une compagnie de gaz, il envoyait des gens en France et en Angleterre acheter des ingrédients pour fabriquer des armes chimiques. Ilich lui avait donné quelques contacts en Europe. Des relations d'affaires harmonieuses. Des gens fiables. Brunner et Genoud c'étaient des nazis, mais ils avaient des principes et il faut respecter les gens qui ont des principes, me déclare doctement Ilich.

Brunner tombera en disgrâce et finira ses jours dans une cave. Quant à Genoud, il soutiendra Ilich jusqu'au bout, s'efforçant de lui trouver des contacts, des papiers, de l'argent. Après l'expulsion de Syrie, quand Magdalena et Rosa rentrent au Venezuela, Genoud s'affaire pour récupérer un million de dollars. La mère d'Ilich ira chercher les mallettes auprès du généreux banquier : sept cent mille dollars en Allemagne et à Chypre, puis trois cent mille dollars à Genève.

Les antisémites ont tant fait pour lui.

Encore aujourd'hui, la plupart de ceux qui l'aident sont des antisémites forcenés qui l'admirent par principe, sans comprendre grand-chose à son parcours. Alain Soral, Dieudonné, des disciples de Garaudy, etc. Ilich ou un autre, c'est pareil, ils iraient porter secours à n'importe quel détenu qui aurait tué des Juifs. Ilich méprise la plupart d'entre eux, mais ne dit mot, ravi de garder une cour. Et puis, ils donnent un peu d'argent, c'est toujours ça. Le reste du monde le croit mort. Ces années d'incarcération ont achevé ce qui restait de son mythe rabougri. Chaque jour qui passe l'éloigne encore davantage de son héros jamais égalé, son double héroïque : Che Guevara. Si Ilich avait été tué par une balle sur le tarmac de l'aéroport d'Alger, fauché au faîte de sa splendeur révolutionnaire, peut-être serait-il, lui aussi, resté une icône. Mais Ilich a survécu. Il s'est enterré à petit feu et a tué de ses propres mains sa légende naissante.

Il moisit à Poissy pour l'éternité. Les autres détenus finissent par sortir, mais lui reste, il prend racine. Sa peine est vraiment à perpétuité.

Au début de l'été 2018, une gitane avec qui je m'entends bien m'accueille d'un large sourire : son mari vient enfin d'obtenir son transfert. Il a déjà purgé huit ans pour un braquage, plus que cinq ans à tirer. S'il reste à Poissy, il devra faire toute sa peine car ils ne laissent sortir personne en avance. Mais là, il est accepté dans un centre de détention, tout le monde sait qu'au bout d'un an, il sera dehors. Évidemment, ce ne sera pas comme ici avec des matons sympas et des parloirs propres. Là-bas, ce sera la misère, mais on sait pourquoi on y va.

Elle jubile et fait plaisir à voir. Finis les deux cent cinquante kilomètres de trajet, trois fois par semaine. Ses efforts ont été récompensés. Je ne peux m'empêcher de songer que c'est la fin d'une époque, la plupart de mes « copines » vont voir leur mari libéré prochainement. Voilà enfin l'aboutissement de centaines de coups de téléphone, de courriers, de rendez-vous, de démarches. Elles sont parvenues à faire sortir leur homme en avance.

Un maton vient nous chercher pour rejoindre le parloir. Un petit nouveau baraqué et jovial. De manière inattendue, nous avons droit à un bref discours sur les bonnes manières à respecter, il termine sur un ton plutôt solennel : et s'il vous plaît, je vous précise qu'il est interdit de fumer. Tout le monde éclate de rire : Ah, il est bien votre discours, la prochaine fois on le fera nous-mêmes ! Et la petite foule s'égaille vers les distributeurs, dans les dix prochaines minutes, la plupart auront déjà allumé une clope.

En attendant l'arrivée des détenus, j'observe une nouvelle visiteuse, petit carré roux et brushing discret, pantalon à pinces bleu marine, veste élégante et escarpins classiques. La trentaine, l'air d'une *working girl* employée d'une agence marketing à la Défense. Tout à l'heure, dans les toilettes, elle se recoiffait, son tube de rouge à lèvres Chanel à la main. Cette fille semble à la fois intimidée et curieuse. Une allure très étrange pour l'endroit. Sans doute rend-elle visite à son mari cadre supérieur nouvellement incarcéré. Ou trader en Bourse. J'imagine le voir débarquer en costume cravate.

Quelques minutes plus tard, la *working-girl* se jette dans les bras d'un caïd malien ultra-violent. Je les fixe, bouche bée. Le couple me paraît totalement inexplicable. Habituellement, le caïd reçoit son épouse, voilée jusqu'au menton.

Je questionne Ilich lorsqu'il arrive, mais il n'en sait pas plus. Je ne devrais pas être surprise, beaucoup de détenus ont des maîtresses, mais je ne peux m'empêcher de ressentir un pincement au cœur pour l'épouse aux sacs de linge.

Comme à chaque fois, le caïd m'interpelle, il tient absolument à ce que je lise un article qui relate son dernier fait d'armes : une prise d'otages de surveillants dans sa précédente prison. Il me précise systématiquement que les matons l'avaient énervé.

— Alors Madame, vous avez trouvé l'article sur moi ?

— Ah non, non, je n'ai rien trouvé.

— Mais c'est impossible, quand tu cherches sur Internet tu trouves, il faut taper mon nom !

— Ok, je vais regarder à nouveau.

Il part, l'air dépité, en se demandant si je ne fais pas exprès de lui gâcher son plaisir. Nous restons un long moment à discuter avec la gitane et son mari. Un jeune couple de cité arrive. Les amoureux viennent de se fiancer, allez, allez fais voir ta bague ! Et la fille exhibe fièrement le diamant qui brille à son annulaire.

Gitan : Ah ben moi ma femme, elle a jeté quatre bagues que je lui avais offertes.

Ilich : C'est vrai ?

Gitane : C'était pendant une dispute, mon mari voulait aller boire un coup avec ses copains, moi je ne voulais pas qu'il sorte, il m'a dit « je ne t'achèterai plus de cadeaux », alors j'ai jeté les quatre bagues par la fenêtre de la caravane !

Gitan : Il y en avait pour cinquante mille euros, des belles bagues volées.

Gitane : Je les ai jetées dans l'herbe, mais on les a pas retrouvées sauf la plus moche, vous voyez, c'est celle-là ! Mais il avait qu'à pas me reprocher !

Gitan : Ah ben, maintenant je réfléchis avant de parler.

Gitane : En plus cette histoire, c'était de la jalouserie.

Ilich : Mais non, on dit jalousie.

Gitane : Nous, on est pas des gadjé, on dit jalouserie !

Ilich : Ah ! (*Ilich se tait puis reprend* :) Alors comme ça, vous allez nous quitter ?

Gitan : Ah ben, j'ai fait mon temps ici.

Ilich : Vous nous manquerez !

Gitan : On vous oubliera pas, Carlos. On accrochera une photo de vous dans la caravane.

La traque

Ilich est un musulman tiède et dubitatif. Sa conversion est une vieille histoire : en 1975, après la rue Toullier, il se réfugie dans les camps d'entraînement de Wadie Haddad, au Yémen du Sud. Alors qu'il prépare un attentat contre un avion israélien, les autres membres du commando lui enjoignent de se convertir. Ainsi, en cas de problème, il pourra entrer au paradis. Sur une boutade, le mécréant se laisse convaincre. Quelques minutes plus tard, sa profession de foi récitée, le voilà donc musulman.

Les années suivantes, il ne fera pas grand cas de cette affaire. Mais, depuis son arrestation, il s'est efforcé de trouver un sens à ce choix hasardeux et a peu à peu élaboré une pensée religieuse. Pour lui, l'islam est avant tout politique et doit permettre de renverser l'ordre des choses en Occident.

En trente ans, Ilich est donc passé de l'ultragauche à l'islam. Et il peine à s'expliquer sur ce revirement : Oui, oui, je crois en Dieu, m'affirme-t-il avant de se reprendre : Enfin, disons que c'est plutôt Dieu qui croit en moi. Quand je vois le nombre de fois où j'ai eu la vie sauve, c'est incroyable. Et voilà Ilich qui médite sur cette situation inattendue : Allah lui-même ferait partie de ses nombreux admirateurs.

Il m'assure faire la prière tous les jours, mais se contenter d'une seule oraison quotidienne au lieu des cinq réglementaires. Et se réjouit de pouvoir échapper au ramadan grâce à son diabète. J'ai beaucoup de mal à me figurer Ilich à genoux au milieu de sa cellule, prosterné devant un dieu tout-puissant. L'imaginer croire en une entité qui lui soit supérieure est presque drôle tant c'est incongru.

En prison, sa foi affichée le place dans une situation complexe. La plupart des détenus se revendiquent musulmans, pourtant aucun d'eux ne connaît réellement le FPLP et l'histoire du terroriste Carlos. On lui accorde juste du crédit de s'être battu pour la Palestine et d'avoir tué des Juifs. À Poissy, Ilich ne s'entend guère avec les musulmans rigoristes. Il fait preuve d'une pratique religieuse très modérée et ne peut s'empêcher de donner son avis sur tout et n'importe quoi, alors les barbus le tiennent à distance. Lui méprise ces petits chefs autoproclamés. À l'entendre, ce sont des ignorants, qui portent des barbes et se déguisent.

Les détenus convertis font partie de ses cibles favorites. Ceux qui, subitement, se mettent à remonter leur survêtement aux mollets. Ceux qui, après quelques mois de pratique, se voient proposer une femme par leurs nouveaux frères, une épouse docile et souriante qui rapplique en parloir tous les week-ends. Ceux qui font la prière pour intégrer un groupe et être protégés. Des débiles qui n'ont même pas lu le Coran.

Sur le terrorisme actuel, son opinion est fluctuante. Selon son humeur, il oscille entre la compréhension et le mépris. Parfois, il tente de rattacher de manière artificielle et désespérée ses années de combat aux attentats récents. Il cultive son image de vieux terroriste. Un instant, il s'efforce de considérer avec un peu de bienveillance ses supposés nouveaux disciples. Mais rapidement, le masque tombe. Il ne parvient pas à jouer la comédie bien longtemps : les terroristes actuels sont des décérébrés. Rien à voir avec les militants marxistes de sa jeunesse. Ils se radicalisent en quelques mois, n'ont aucune formation idéologique et se font sauter à la ceinture d'explosifs parce qu'on leur a promis soixante-dix vierges ! Mehdi Nemmouche et compagnie, des pauvres types manipulés ! Ils ne comprennent rien au combat qu'ils mènent. Ces abrutis vont finir par attaquer une centrale nucléaire. Ce sera terrible, pire que Tchernobyl. De son temps, tout le monde était d'accord pour éviter ce genre d'attaques, qui peuvent tuer des millions de gens et contaminer la terre, mais maintenant ils ne respectent plus rien. C'est sûr, ils vont passer à l'acte.

Ilich, subitement inquiet des dégâts causés par les actions terroristes, me ressert cette prophétie quasiment à chaque parloir. Elle semble le réconforter. Presque le venger à titre personnel : comme s'il espérait que le monde sombre avec lui. À Poissy, sa vision de l'islam est totalement décalée. Comme lui. Ilich est l'un des rares qui se situe hors communauté. En prison, tout est communautaire, la pratique religieuse comme le reste. Ici, hormis les pédophiles et quelques Farançi oubliés, les détenus ont peu d'existence propre, ils appartiennent à un groupe qui constitue leur identité et les défend : les gitans, les Corses, les Arabes, les Blacks… Ilich est seul et ses divagations sur l'islam n'intéressent guère que lui.

Pourtant, le musulman excentrique qu'il est devenu ne peut avoir oublié que vingt-cinq ans auparavant, l'islam le tira d'un mauvais pas.

En 1992, le voilà seul à Amman. Le gouvernement jordanien l'a autorisé à rester à condition qu'il se montre discret. Magdalena vient de déguerpir au Venezuela avec la petite. En quelques semaines, Ilich se dégote une nouvelle épouse. Lana est parfaite : très jolie, riche et étudiante. Elle appartient à l'aristocratie ottomane, me jure-t-il en jubilant. Dans la bouche d'Ilich, cette histoire d'amour prend des allures de mélo romantique. La famille de Lana partage la même cour que lui, les trois sœurs lui offrent leur aide pour le ménage et la cuisine. Il jette son dévolu sur la cadette qui ne tarde pas à tomber sous son charme envoûtant. Ilich lui révèle son identité réelle, elle a devant elle le fameux « Chacal » ! Étonnamment, Lana se serait montrée enthousiaste. Ils s'aiment d'amour et se marient religieusement dans la foulée. À l'entendre, le conte de fées est parfait.

Ilich se révèle moins prolixe pour la suite. La lune de miel ne dure guère. Quelques semaines après la noce, les autorités jordaniennes lui ordonnent de décamper. Leur hospitalité était temporaire et Ilich devient encombrant diplomatiquement.

Le distingué M. Abdelmahid prend la fuite avec sa jeune épouse, mais ne sait guère où se cacher. Plus personne n'accepte d'ouvrir sa porte à ce paria. Il a perdu toute utilité. La guerre froide est finie, la lutte entre les mondes communiste et capitaliste s'est éteinte, les nouveaux conflits sont religieux. Et pour Ilich, la seule voie de salut est de se ranger sous la bannière d'Allah.

Le Soudan va se laisser convaincre d'accorder l'hospitalité à un musulman en détresse. Le régime d'Omar el-Béchir impose la charia et le pays fourmille d'ennemis de l'Occident dont plus personne ne veut : islamistes de tous bords, membres du Hezbollah, du GIA, Frères musulmans, Oussama Ben Laden…

En août 1993, Ilich et Lana échouent donc à Khartoum. La plupart des hôtes du régime se montrent discrets. Ilich, lui, reste égal à lui-même, fêtard et excessif. Rapidement, toute la ville est informée de sa présence. Il se lève tard, boit, fume le cigare, s'affiche dans les restaurants et les boîtes de nuit avec la veuve d'un général influent. Les langues se délient, mais il n'en a cure, persuadé que son statut de musulman le protégera. Même fait comme un rat, il ne peut s'empêcher de rêver à son futur destin héroïque et promène sa silhouette bedonnante dans toute la ville. Il cherche à se faire une place dans la nébuleuse islamiste qui tient le pays, et à s'introduire auprès du puissant ministre Al-Tourabi. Sans succès. Qu'à cela ne tienne, il est sûr que sa bonne étoile va briller. Il va se refaire. Pour percer dans les affaires, il dévore la presse américaine – *Forbes*, *Fortune* – à la recherche d'opportunités.

Il se plaint que la France l'ait stoppé dans son élan. Ait saboté ses ingénieuses idées. Il était sur le point de gagner des fortunes en montant un garage automobile pour voitures étrangères. La couverture aurait été parfaite, il aurait blanchi de l'argent en livrant des véhicules diplomatiques. Un hangar abandonné avait déjà été repéré par ses associés. Il avait aussi le projet d'ouvrir un restaurant libanais. Et de monter une ferme d'autruches. La viande aurait transité vers l'Europe par avion. Les autruches, c'était un excellent prétexte pour créer un camp d'entraînement. Ils se seraient installés dans une zone abandonnée, à l'écart de Khartoum. Comme il était l'un des rares Blancs, il essayait de se montrer discret, mais il a été trahi avant de pouvoir lancer ces juteux business. Il n'en revient toujours pas de s'être fait attraper. Il avait fini par penser que cela n'arriverait jamais. Pas dans ce trou. Pas lui !

Dans l'islam, la tradition d'hospitalité protège les hôtes quels qu'ils soient, mais le Soudan a fini par se lasser des frasques d'Ilich. Le régime d'Omar el-Béchir, alors mis au ban des nations, se convainc de monnayer son encombrant hôte en échange d'une nouvelle respectabilité. Dès l'automne 1993, Khartoum propose une tractation à Paris.

D'autant que les services secrets de plusieurs pays l'ont repéré. Il passe ses soirées au Club arménien, l'un des rares endroits de la ville où l'alcool coule à flots. Avec ses faux papiers de diplomate, il se procure tout ce qui lui fait envie. Des vidéos circulent, Ilich danse et s'amuse, pris dans une nasse.

L'accord avec Khartoum se concrétise. Paris est autorisé à intervenir et tient sa vengeance. Ce ne sont pas les morts du Drugstore ou ceux des trains éventrés qui sont restés en travers de la gorge des services français, ceux-là sont allés rejoindre la liste des crimes oubliés. Ce que la France n'a jamais pardonné, c'est l'assassinat des deux flics de la rue Toullier en 1975. Ces insouciants venus sans armes, persuadés que leur visite de contrôle ne durerait que quelques minutes, se sont fait descendre comme des chiens. Au sein de la DST, un serment va lier les agents pour venger ces disparus. La traque d'Ilich durera vingt ans.

Les tentatives d'assassinat vont toutes échouer. On le repère partout, mais on ne l'arrête nulle part. À chaque fois, une équipe est envoyée sur place, on planque, on piste, on patiente puis on repart les mains vides. Ilich s'amusera de ces revers successifs, se croyant invincible et béni des dieux. Quelle bande d'idiots ! Ils ont couru derrière lui à en avoir les jambes coupées.

Début 1977, une équipe française est envoyée à Alger où Ilich mène la grande vie en dépensant l'argent de la rançon de l'OPEP. Les services algériens n'entendent pas se faire dicter leur loi. L'opération est éventée et tout le monde rentre à Paris.

Quelques années plus tard, un nouveau commando est expédié au Venezuela pour nouer des liens avec le père Ramírez. Afin d'amadouer le vieil homme fan de cyclisme, les agents prétendent être des sportifs aguerris, organisateurs d'une course cycliste à Caracas. Une relation amicale se noue. L'idée est d'empoisonner le vieux en lui faisant avaler un jus d'orange contaminé par un concentré d'hépatite A. S'il se trouve dans un état critique, cela attirera sans doute Ilich au chevet de son père. Tout est prêt, mais Paris hésite à donner son feu vert. L'équipe finit par rentrer. Ilich raconte, lui, que la tentative d'empoisonnement a bien eu lieu, mais que seul son frère Vladimir a été touché. Âgé d'une dizaine d'années à l'époque, il aurait failli en mourir.

En décembre 1983, juste avant Noël, les Américains transmettent une information annoncée comme sûre à la DST : Carlos réveillonnerait dans la luxueuse station de ski suisse Gstaad. Les services français sautent sur l'occasion. En quelques heures, le commandant Prouteau reçoit l'ordre de François Mitterrand d'aller éliminer le terroriste. Après plusieurs jours à arpenter la station suisse, ses pistes, ses night-clubs et ses chalets cossus, aucune trace du Chacal. Retour à Paris.

Quelques années plus tard, alors qu'Ilich vit planqué en Syrie, la DST est informée de son adresse précise. À Paris, on hésite : évidemment, ce serait tentant d'aller le liquider, mais cela impliquerait d'envoyer des hommes à Damas. Or Ilich vit protégé par des gardes armés en permanence et la Syrie d'Hafez el-Assad est très hostile à la France. Si les choses tournent mal, récupérer les hommes sera impossible. Alors on ne fait rien, on attend, en espérant que le moment favorable se présentera.

Dix-neuf ans après la rue Toullier, nous y voilà enfin. Charles Pasqua, ministre de l'Intérieur, se montre conciliant devant les exigences du Soudan. Plusieurs proches du ministre reconnaissent aujourd'hui que la France a accepté de payer un prix politique pour cet enlèvement.

Le subterfuge imaginé par les services secrets français est parfait. Le 13 août 1994, Ilich doit se faire retirer une varicocèle, une varice des testicules qui diminue la fertilité. Une opération médicale prévue de longue date. Ilich prend grand soin de me préciser qu'il n'avait aucun problème sexuel, il ne faut pas que j'aille m'imaginer je ne sais quoi ! Une varicocèle, c'est rien du tout ! D'ailleurs, dans sa famille, tout le monde vit centenaire, il lui restait encore cinquante-cinq ans devant lui. Avec Lana ils ne parvenaient pas à avoir des enfants, donc il s'est décidé à se faire opérer. Voilà, c'est tout. C'est invraisemblable que la France ait eu la lâcheté d'utiliser cette intervention médicale. Il se souvient parfaitement qu'après le bloc chirurgical, on l'a transporté dans une villa sous un prétexte bidon et c'est là que les Français lui ont mis la main dessus.

Ilich, encore assommé par les anesthésiants, est capturé facilement, pas de cris, pas de scandale. Un paquet tout ficelé. Le 15 août 1994, on le mène hors de son trou comme une bête. On le voulait. On l'a pris. On l'a eu.

Je lui demande s'il s'est débattu. Il se met à crier : Putain, mais tu sais qui je suis ? Je n'allais quand même pas me débattre ! Je ne suis pas un pauvre con ! Ce sont les pauvres cons qui se débattent. Il se vante de n'avoir rien dit. Pas une syllabe. Et se rengorge : Dans ces pays-là, je suis un héros populaire ! Un de ses lieutenants soudanais était effondré, il répétait « I'm sorry mon commandant ». Ilich a été poussé dans une estafette. Les types s'excusaient, beaucoup pleuraient, mais qu'est-ce qu'ils pouvaient y faire ? À l'aéroport, deux hommes mal habillés, des Européens en jeans, l'ont fait monter dans un petit avion. Ils l'ont enfermé dans un sac et sanglé avec trois ceintures, il étouffait. Les types se sont montrès gentils avec lui, ils lui tenaient la main sans un mot. Il ignorait tout de la destination, sa grande peur était d'être envoyé en Arabie Saoudite ou en Israël dans une prison secrète. Tu n'en ressors jamais et personne n'est informé de rien. Finalement, quelqu'un a dit, « ça y est, Pierre ». Ça l'a rassuré : « Putain, des Français ! »

Le cri de triomphe de Pasqua résonne encore à ses oreilles : « Ilich Ramírez Sánchez a été arrêté ! » Et Pasqua a fait la roue comme un paon.

Ilich se retrouve à l'ombre, enfermé à la prison de la Santé. Et l'une de ses toutes premières obsessions est de savoir ce qu'est devenue Lana, a-t-elle été arrêtée par la France ? Renvoyée en Jordanie ? Dans un article du journal *Libération* en septembre 1995, les avocats d'Ilich font savoir que leur client réclame des nouvelles de sa femme.

Ilich m'assure l'avoir longuement fait rechercher. En désespoir de cause, il a même envoyé François Genoud en Jordanie, en 1995, pour remonter sa trace, mais le vieux nazi est rentré bredouille. Lana s'est comme volatilisée. Impossible même de trouver une photo d'elle.

À l'époque où nous partons en tournage au Moyen-Orient, j'ai une obsession : je veux retrouver cette femme. Cette quête paraît insensée, vouée à l'échec, mais j'ai réussi à persuader Christophe que c'était possible. Nous trouverons Lana, je répète cela comme une incantation. Nous avons son nom et sa date de naissance. Des membres de sa famille vivent encore probablement à Amman. Notre traducteur palestinien commence à enquêter, prend des contacts, tâte le terrain. Au bout de quelques semaines, il parvient à joindre certains de ses proches. Lana est toujours en vie. Nous voilà tout ragaillardis, persuadés de notre bonne étoile. Nous réussirons là où Genoud a échoué ! Nous atterrissons à Amman un mois plus tard. Des heures de palabre s'ensuivent : les oncles, les tantes, les parents, le chef de clan, etc. On nous écoute dans un silence poli. Toute la famille s'en mêle.

Nous attendons. Enfermée dans ma chambre d'hôtel, je me montre anormalement optimiste, persuadée que pour une raison obscure, cette fille restée dans l'ombre depuis vingt-cinq ans va accepter d'ouvrir la bouche. Amman grouille sous ma fenêtre. Pour tuer les heures, je cible des silhouettes dans la foule et je les suis des yeux, jusqu'à ce qu'elles disparaissent hors du cadre de la vitre. On nous observe aussi. Ma chambre est fouillée. Le pays entier est fliqué. Quasiment aucun touriste. Ces journées de conciliabules ne disent rien qui vaille aux autorités.

C'est le père de Lana qui douche nos espoirs. Le petit homme raide et digne s'étonne que nous soyons parvenus à les retrouver. Le dernier à avoir remonté leur trace était François Genoud. Le banquier nazi s'était présenté sur le lieu de travail du père et avait été fermement éconduit.

Il assure n'avoir rien à dire sur Carlos. Avant de lâcher quelques bribes, comme emporté par le dégoût. Cet individu, ce soi-disant M. Abdelmahid, est un monstre qui a détruit la vie de sa fille. Il se vantait d'être un diplomate irako-cubain richissime et le neveu de Tarek Aziz, le Premier ministre de Saddam Hussein. Cette ordure a berné tout le monde. S'il avait su, il ne lui aurait jamais donné sa fille. Mais comment aurait-il pu deviner la vérité ? Après le mariage, il a prétendu devoir partir en déplacement au Soudan. Et quatre mois plus tard, les services secrets jordaniens leur ont révélé son identité, Lana avait épousé Carlos le Chacal ! Toute la famille est tombée à la renverse. Un cauchemar. Il a répandu la honte et le malheur sur tout le clan. Sa fille a demandé le divorce. Mais cette saleté ne voulait pas le lui accorder. Quand Lana est rentrée en Jordanie, elle a dû se cacher. Pendant plus de dix ans, elle n'a même pas été autorisée à travailler.

La famille reste terrorisée. Il a ruiné leur réputation. Encore aujourd'hui, Lana n'accepte jamais qu'on la prenne en photo. Elle a trop peur. Le vieil homme pleure. Il promet d'intervenir en notre faveur auprès de sa fille, mais ne se montre guère optimiste. Pourquoi se montrerait-elle ? Carlos est un fou sanguinaire et retors. Qu'il soit sous les barreaux ne change rien.

Je parviens à récupérer le numéro de téléphone de Lana. Mes appels sonneront dans le vide. Des mois durant, je persisterai à envoyer des messages, des SMS, à espérer un signe. Elle ne nous parlera pas. J'avais apporté une boîte de chocolats. J'ai fini par les manger.

Avant le tournage, Ilich avait inscrit le nom complet de son épouse sur une page de mon carnet. Trouve-la, trouve-la s'il te plaît. À mon retour, son impatience est palpable : Alors, tu sais ce qu'elle est devenue ? Que lui dire ? Que Lana se cache depuis vingt-cinq ans, qu'elle lui voue une haine féroce et continue de vivre dans la crainte ? J'ai menti : Nous ne l'avons pas retrouvée.

— Ah, je ne suis pas surpris. Genoud non plus n'avait pas réussi. J'aimerais tant recevoir de ses nouvelles.

Numéro d'écrou 11939

« *Emprisonné depuis quatre ans à Paris, le terroriste international Ilich Ramírez Sánchez, alias Carlos, s'est lancé depuis dix jours dans une importante campagne médiatique ponctuée d'une grève de la faim et de la diffusion, hier, d'un testament politique en forme d'appel au meurtre : "je demande comme ma dernière volonté de martyr vivant qu'un ennemi 'États-Unien' ou un ennemi sioniste soit exécuté pour chaque jour que j'ai passé en prison en France" a-t-il déclaré dans un message en forme de testament à ses avocats (...).* » (*Le Républicain lorrain*, 13 novembre 1998.)

À l'époque où il écrit ces lignes, Ilich est enfermé depuis quatre ans. Mille cinq cents jours de détention iniques qu'il convient de venger ; un assassinat pour chaque journée de prison lui semble un châtiment approprié. Il n'a aucun doute : ses partisans vont s'empresser de lui apporter mille cinq cents sionistes morts pour apaiser sa soif de représailles. Le monde tremble déjà.

En réalité, très peu de journaux jugeront utile de publier ce testament délirant. Le bruit provoqué est nul. La petite troupe de ses disciples s'est dissoute depuis longtemps. Et personne n'envisagera un seul instant d'aller trucider un sioniste pour venger le terroriste Carlos.

Ilich ne se montre nullement affecté par cet échec. Il guette la prochaine occasion qui ne manquera pas de se présenter. C'est sa force. Il se tient prêt. Si on lui disait : « tu vas sortir de prison dans deux heures et rentrer prendre le pouvoir au Venezuela », il ne serait même pas surpris. Il SAIT que le triomphe reste à portée de main. La réalité n'a aucune prise sur lui.

En vingt-cinq ans d'emprisonnement, il a écopé de trois perpétuités : pour la rue Toullier, pour les attentats de 1982/1983 et pour le Drugstore. Les condamnations glissent comme des gouttes d'eau sur une nappe cirée. Il attend d'éventuels nouveaux procès avec indifférence et écume les Centrales et maisons d'arrêt : la Santé, Saint-Maur, Fresnes, Poissy… Dès le début, ces lieux se confondent en une seule certitude : il sortira.

Il s'amuse qu'à son arrivée en France, on ait essayé de le briser : on l'a placé huit ans à l'isolement, est-ce que je peux imaginer ça ? De 19 heures le soir à 7 heures du matin, on le réveillait toutes les vingt minutes. C'était épouvantable, le stress lui a provoqué du diabète, mais il n'a pas craqué.

Au début de sa détention, Ilich est chef de famille et il manœuvre à distance. Depuis 1992, Magdalena et Rosa sont installées dans les villas somptueuses des Ramírez à Caracas. Il retrace cette période avec de larges gestes ambitieux : « On leur a acheté ci, on leur a payé ça ! » Ses injonctions tombent dru et ne se discutent pas. Son petit monde se plie à ses ordres, il ordonne et ses frères exécutent.

Au Venezuela, Rosa et Magdalena vivent dans le luxe, l'opulence. Ilich s'émerveille de leur train de vie : elles occupent un appartement princier, un complexe sécurisé de 180 mètres carrés, avec une piscine olympique et des gardes armés privés. La petite fréquente les meilleures écoles. Magdalena est invitée tous les week-ends dans des fêtes et des cocktails mondains, elle obtient tout ce qu'elle désire. Lénine, le frère cadet, a même la gentillesse de lui prêter son chauffeur personnel.

En réalité, les frères Ramírez ont récupéré le million de François Genoud et gardent Magdalena sous leur coupe. Les deux captives demeurent collées et silencieuses entre les murs blancs de la villa sécurisée.

De la prison de la Santé, Ilich écrit régulièrement à ses « deux amours » et leur fait parvenir des Polaroid. Il y prend fièrement la pose, tout sourire. Sur chaque cliché, il note avec application au stylo la marque de ses vêtements : Yves Saint Laurent, Benetton, etc. Le Chacal vient d'être capturé, s'apprête à passer le restant de ses jours sous écrou, mais lorsqu'il écrit à sa fille de 8 ans, c'est pour citer la marque de ses chemises.

Un an et demi après l'arrestation d'Ilich, Magdalena décide d'en finir avec la clandestinité. Elle a compris que son mari terminerait sa vie derrière les barreaux, elle est donc libre. Elle exige que les frères Ramírez l'autorisent à se déplacer seule et part négocier avec les autorités allemandes. En échange d'informations sur Ilich, la voilà autorisée à rentrer au pays avec Rosa sans y être poursuivie.

Le retour à Ulm, la petite ville de son enfance, se révèle brutal. Où est donc passée la révolution ? Quelle révolution ? Rien. La jeune fille qui vivait ici vingt ans plus tôt est morte écrasée par ses rêves stupides. Il lui semble clair que sa vie est désormais achevée. La danse inexorable de la chute. Des jours sans le sou. Depuis son retour, Magdalena est payée par la Sécurité sociale allemande pour être l'assistante de vie de sa mère. Pas de vacances, peu de sorties, une immense solitude. Cette déchéance sociale inspire un profond dégoût à Ilich. Magdalena ne peut qu'avoir été frappée de folie, comment peut-on sciemment choisir de vivre dans la misère ? Elle s'est vendue pour rien ! Il faut trahir pour un million de dollars, pas pour du vent. Elle s'est comportée en salope, mais c'est elle qui s'est fait baiser à la fin. Abandonner une vie magnifique au Venezuela pour aller gagner un salaire de six cents marks en nettoyant le cul de sa mère qu'elle détestait. Tu imagines !

Quand Magdalena s'est retrouvée dans le besoin en Allemagne, les frères Ramírez ont souvent insisté pour lui envoyer de l'argent : « Fais-le pour la gamine ! » Mais Ilich leur a interdit de donner un seul centime. Pas un sou, pas un seul sou. Elle est trop conne ! Dans la vie, il y a des lignes à ne pas franchir. On peut torturer sa fille devant lui. On peut martyriser son père, sa mère, ses frères, il ne cédera jamais, l'ennemi doit savoir que ça ne marchera pas.

Magdalena a fini par mourir de maladie et de tristesse en 2015. « The bitch is in hell », se contenta de déclarer Ilich. Il me répète jusqu'au dégoût qu'elle fut la seule de ses femmes d'une origine sociale inférieure et que les conséquences furent fâcheuses. Si Magdalena était restée vivre au Venezuela, Rosa aurait étudié avec des enfants de bonne famille, l'élite de la nation, et aujourd'hui elle occuperait une position sociale extraordinaire. Elle ne se serait pas enterrée dans une ville miteuse d'Allemagne où elle n'a pu se créer aucune relation. Ilich était persuadé de pouvoir reprendre le destin de sa fille en main. Une fois ses études terminées, Rosa rentrerait dans le giron paternel à Caracas et filerait droit. Il se réjouissait de pouvoir régenter tout son petit monde.

— Avec mes frères, on va l'envoyer vivre au Venezuela, me racontait-il souvent, elle travaillera avec la famille. Et comme son mari est cuisinier, on va lui ouvrir un restaurant sur la plage. J'ai tout organisé.

— Il parle espagnol ?

— Non, mais il faudra qu'il apprenne.

La sévère crise économique vénézuélienne a douché ses espoirs de reprendre le contrôle sur cette partie de la famille. J'avais pourtant tout parfaitement combiné, me répète-t-il, une lueur d'incrédulité dans le regard.

Le Venezuela concentre néanmoins ses rêves de renaissance. Il est sûr d'y rentrer un jour, il suffit juste de se montrer persévérant. D'ailleurs, début 2008, une réelle possibilité se présente. Ingrid Betancourt, la politicienne franco-colombienne, est retenue en otage par les FARC en Colombie depuis six ans. En France, on s'agite pour trouver une solution et les tractations se multiplient.

L'entourage d'Ilich a l'idée de proposer un échange : Betancourt contre Carlos. Chávez, très proche des FARC, ferait pression pour libérer Ingrid Betancourt et en échange la France enverrait Ilich purger sa peine à Caracas, où il ne tarderait sans doute pas à recouvrer sa liberté. On tâte le terrain. Chávez voit d'un bon œil l'idée de ce possible retour. Il envisage de créer des milices privées pour faire régner l'ordre et Ilich serait pressenti pour en prendre la tête. En France, Sarkozy se montre intéressé. Alors on s'agite, on espère, on envoie des émissaires, on organise des réunions. La démarche suit son cours. Pourtant, le 2 juillet 2008, à la surprise générale, Ingrid Betancourt est libérée. Le gouvernement français avait visiblement plusieurs fers au feu. Ilich reste à Poissy, ses chimères ambitieuses dans la poche. Son retour aux affaires attendra.

L'ironie de l'histoire, c'est qu'au Venezuela, la plupart de ses anciens camarades d'école sont aujourd'hui devenus ministres, directeurs de journaux ou hommes politiques influents. Nul doute que si Ilich avait suivi le chemin tracé par son père, il aurait réellement pu diriger le pays. Ses rêves de puissance demeurent inassouvis. À défaut d'un État, Ilich se pose en chef de la Centrale.

À la fin d'un parloir, l'un des gardiens qui patientent pour refermer la porte nous interpelle par de grands signes. Je ne le connais pas. Cet Antillais obèse s'affaire en tous sens et les boutons de sa chemise menacent de lâcher, il semble soulagé de croiser Ilich :

— Hé, Carlos, je peux te demander un conseil ?

Nous nous approchons tout ouïe.

— Quand on reçoit le résultat d'un jugement, on a combien de temps pour faire appel ?

— Cinq jours, déclare Ilich d'un ton péremptoire.

— Et il faut le faire en recommandé ?

— Mais évidemment, dépêche-toi !

— Et le week-end, ça compte ou pas dans les cinq jours ?

— Le dimanche, ce n'est pas un jour ouvrable.

— Ça veut dire que ça compte ou pas ?

— Mais non ! Tu l'as reçu quand ?

— Je ne sais plus, je dois vérifier.

— Bon, viens me voir si tu as besoin de conseils.

— Merci Carlos, c'est sympa !

Puis les surveillants se plaignent de leurs horaires qui les empêchent de se rendre à la Poste. Ilich les sermonne comme des enfants : Il faut vous syndiquer, les gars, c'est pas possible de vous laisser faire, ressaisissez-vous !

Les matons acquiescent, penauds. Ilich s'éloigne, le poing levé, avant de disparaître dans l'angle du couloir, comme englouti dans un nuage d'espoir.

La dernière visite

En mars 2018, exactement un an après le procès du Drugstore, je retourne au Palais de justice de Paris pour assister à l'appel. Dès le premier jour, des scènes identiques semblent se répéter à l'infini, les mêmes intervenants sont de retour et Ilich rejoue son numéro de révolutionnaire professionnel.

À nouveau, il se plaint longuement de ses conditions matérielles difficiles imputables aux sionistes. Les envolées complotistes se succèdent : il y a des gens ici, haut placés, qui veulent l'emmerder, on le laisse attendre durant des heures à l'intérieur de la souricière, on lui a cassé son ordinateur durant le transfert de Poissy à Fresnes, il n'a plus accès à son dossier, on lui apporte systématiquement des grandes bouteilles d'eau alors que les petites sont beaucoup plus pratiques, etc.

La liste est interminable, les vrais problèmes comme l'endommagement de son ordinateur sont associés à des broutilles et rendent le tout inintelligible. Durant deux semaines, le tribunal replonge dans cet attentat de septembre 1974. Je retrouve les mêmes gestes, le même ennui, les mêmes sourires, les mêmes envois de baisers lorsque je passe la porte, alors je m'éclipse chaque jour avant midi, soulagée de sécher une bonne partie des audiences.

Un matin, j'assiste à l'audition de la fille de David G., l'une des victimes décédées. Elle s'exprime pour la première fois et a rédigé sa déposition à l'avance, craignant de ne pas être en état de parler. Sa voix se brise souvent, elle la lit d'une traite en s'adressant à la cour.

Ce jour-là, elle arrivait de banlieue avec ses parents pour une virée dans Paris, la veille de la rentrée scolaire, le temps était magnifique. Son père s'est souvenu qu'il devait acheter de l'aspirine pour son frère. Trouver une pharmacie est alors devenu une idée fixe. Ils sont entrés dans le Drugstore, l'officine était fermée, mais ils n'ont même pas eu le temps de repartir. Elle a tout de suite pensé à une explosion de gaz. Elle revoit sa mère blessée à terre, les jambes constellées d'éclats, son père étendu, inanimé, un filet de sang coule de sa bouche. On les a tous emmenés à l'hôpital Cochin, sa mère et son père allongés dans une camionnette. À l'époque, les urgences n'existaient pas. À l'hôpital, elle disait aux médecins : Emmenez-le, emmenez-le ! Mais son père est parti pour la morgue et c'était fini. Le réveil a été cauchemardesque, ils n'ont reçu aucun soutien, on s'adressait à eux comme s'ils étaient tombés dans l'escalier. Elle devait entrer en terminale. Les gens de son lycée étaient gênés, on ne parlait pas de terrorisme, ses amis proches ne savaient plus quoi lui dire, la légèreté avait disparu, elle a plongé dans un état de sidération. Comme si elle tombait dans un tunnel sans que la chute s'arrête. Elle est allée rendre visite à sa mère à l'hôpital pendant des mois, elle a envoyé une lettre pour repasser son bac en septembre, ça n'a pas été accepté, c'était possible seulement en cas de maladie, sa raison à elle n'a pas été jugée suffisante. Sa mère ne s'en est jamais remise, elle est restée désespérée. Aujourd'hui encore, à 90 ans, elle a toujours peur, ses jambes gardent des centaines d'éclats de métal impossibles à retirer. Ses parents formaient un couple très uni. Elle, ça lui a changé le caractère, ça lui est resté tout au long de sa vie. Elle a eu le sentiment d'être abandonnée, de passer à la trappe.

Elle a assisté à tous les procès de Carlos en 1997, en 2011 et en 2013. Elle était présente chaque jour, elle se répétait « moi aussi, un jour j'aurai mon procès », elle a toujours gardé cet espoir. Elle est tellement contente d'être là, tellement contente. Lui, elle l'a observé durant toutes ces années, elle a pu juger par elle-même, se faire son opinion, elle a vu comment il se comportait et les provocations qui sont faites aux victimes. Elle est convaincue de sa culpabilité. Ce procès est extrêmement important pour elle, ce procès est la fierté de la République. La République française ne les a pas abandonnés.

Elle remercie les juges à plusieurs reprises puis se tait.

Cette fille qui a assisté à tous les procès en espérant avoir le sien, un jour, me laisse sans voix. Toutes ces années, à venir observer Carlos, sentir de loin l'haleine de l'abject. Comme si elle avait gravé une encoche pour chaque journée écoulée. 43 ans, 15700 jours, 15700 encoches. Elle tient son procès.

Pour la première fois, en entendant cette femme, je me dis que ces audiences ont une utilité, qu'au moins pour la famille G., tout cela en aura valu la peine.

L'ombre de son père semble flotter dans la salle d'audience. Son avocat montre une radio des jambes de la mère de Madame G. Les os de la vieille dame sont littéralement criblés de métal. La légende sur le film bleu indique juste : jambes G. Comme si on lui avait creusé un trou pour que les curieux puissent voir l'intérieur de son corps. Ilich le fixe d'un œil vide avant d'examiner ses ongles limés.

La femme d'Ilich se lève et entame alors un interrogatoire surréaliste : Vous avez été contactés par une association ? demande-t-elle en boucle à Madame G. Son idée fixe est de démontrer que les victimes sont manipulées par des associations sionistes qui s'efforcent de gagner de l'argent sur leur dos en prélevant une partie des dommages et intérêts. Elle veut absolument savoir à quelle date la famille G. s'est portée partie civile et si cela a été fait à la demande d'une association.

Le ton monte, Madame G. finit par dire qu'elle refuse de parler à l'épouse de Carlos. Ilich agrippe le micro à deux mains et explique qu'il trouve ce témoignage touchant, mais que la victime est embrigadée par l'association SOS Attentats dirigée par des sionistes. Puis il s'emporte en évoquant ses tracas du moment : ses droits de prisonnier sont bafoués, il a pourtant droit à un minimum de respect, des gens ici s'amusent à lui nuire. Les menottes qu'on lui pose sont tellement serrées qu'elles blessent ses poignets. Il entreprend alors de montrer ses avant-bras au tribunal.

Cette scène est insoutenable. Le voir si loin de l'humanité m'est insupportable. La réalité crasse me saute au visage. Il est monstrueux. Comme vide de toute conscience.

Madame G. regarde son avocat avec des yeux de bête traquée. Le procureur se lève et s'énerve : Monsieur Ramírez Sánchez, ayez la décence de ne pas mélanger vos problèmes de menottes avec le témoignage de quelqu'un dont le père est mort, alors qu'il était jeune et n'atteindra jamais votre âge. Et vous venez nous parler de bobos causés par des menottes. Ayez un peu de décence ! Savez-vous ce qu'est la décence ? Alors du calme !

Docilement, Ilich se rassoit et attend, la dernière syllabe comme enfermée entre les lèvres. Je sais qu'il se fiche éperdument des leçons de morale du procureur, mais il n'a plus le goût de polémiquer. On m'a raconté ses procès des années 2000, une suite infinie d'incidents pendant les audiences, il tenait la dragée haute, hurlait, vociférait. Ses prises de parole étaient interminables. Ce temps est révolu. Ilich n'est désormais que l'ombre de cet homme-là.

Les dépositions des victimes se poursuivent et je vois alors la femme d'Ilich s'avancer vers moi : Bonjour Madame ! Et sans une explication, elle me tend un RIB avant de tourner les talons. Elle qui ne daigne jamais m'adresser la parole doit estimer qu'il est temps que je passe à la caisse. Je reste avec le RIB dans la main, ahurie.

À la fin de l'audience, je m'avance vers la fille de David G. pour lui demander de témoigner dans le documentaire. Je n'ai même pas le temps de formuler ma requête. Elle me fixe, le visage fermé, et tend ses paumes en avant comme pour me repousser : Je ne tiens pas à vous parler, je ne tiens pas à vous parler, me répète-t-elle. Un dégoût semble la saisir rien qu'à me voir devant elle, l'empêchant de terminer ses phrases. Je suis l'ennemie. Je reste muette, sidérée de son rejet.

Elle m'a certainement vu parler avec Ilich à de nombreuses reprises. Chaque matin, il me salue ostensiblement, m'envoie des baisers, si les gendarmes m'empêchent d'approcher il parle fort pour que je l'entende malgré la distance. Je l'ai touché, embrassé. Je connais chaque pli de son visage. Elle en a des haut-le-cœur. J'ai basculé de l'autre côté. Du côté des monstres incapables d'humanité. J'avale la salive épaisse qui coule dans ma gorge. Je ne sais plus comment arrêter cette histoire.

Un matin des jours suivants, en salle de montage, Christophe me raconte son rêve de la nuit passée : il se retrouvait subitement dérangé par une odeur atroce et en fouillant son appartement, il tombait sur une boîte en carton avec la tête d'Ilich pourrie à l'intérieur.

J'arrivais alors dans son salon en criant : « Mais il ne faut pas garder cette tête, jette-la ! »

Ilich commence à nous rendre tous fous. Quatre ans. J'ai le sentiment qu'il va finir par m'aspirer totalement. Christophe a désormais des acouphènes, un bruit permanent qui le réveille la nuit, et moi je crache du sang. On me prescrit des examens, on ne trouve rien. On regarde mes poumons, l'œsophage, l'estomac. Rien. Le médecin se montre dubitatif. Je ne comprends pas d'où vient ce sang, Madame, il n'y a rien. Essayez de vous reposer. Je m'emmure dans cette histoire.

Encore un parloir. Je suis assise et j'attends. Ilich se fait désirer, arrive en retard, plaisante, chantonne, offre des cafés, tapote des épaules. Ses phalanges claires. Ses mains délicates de grand bourgeois. Il palpe mes pièces de monnaie et me raconte pour la centième fois la jouissance de ses premiers billets de banque. Il a 5 ou 6 ans. Son père dirige le loto national et rentre tous les vendredis avec la recette en espèces. Des milliers de bolivars en petites coupures avec lesquels il laisse jouer ses fils durant de longues heures. Qui dira le tort que font les pères sur la cervelle de leurs enfants ? Encore aujourd'hui, le froissement des billets de banque qui volettent les uns contre les autres le ravit, cette sensation d'abondance absolue. C'était cela devenir adulte, compter les billets.

Ilich traîne sur les mots. Nous tournons d'un pas rapide. Les heures passées pèsent autrement plus lourd que l'espoir. Les souvenirs traînent comme en suspens, menaçants. En quatre ans, je n'ai obtenu qu'une partie de la vérité. Le col remonté jusqu'au menton, je fixe les taches au sol. Des salissures plus foncées que l'intérieur d'un mort. Les auréoles semblent des minuscules poignées d'hommes qui disparaissent. Les victimes n'ont plus d'os, ni de visage. Les morts s'éloignent, presque irréels. On les agite, mais ils n'effraient plus grand monde. Un court instant, l'ancien Ilich réapparaît. Celui qui traverse le Liban une kalachnikov à la main, employé comme tueur à gages par Hafez el-Assad. Le bon vieux temps. C'est à nouveau son rire, sa puissance. Aujourd'hui encore, il considère qu'il a eu plus de chance que la plupart des gens. Même ici, il refuse d'être comparé d'une quelconque manière aux manants que nous sommes et qui doivent se contenter d'une existence normale. Son destin en prison n'est ni bon, ni mauvais, juste hors du commun. Nous autres, sommes des bouches affamées, des ventres creux. Des pouilleux oubliés par Allah. Lui, il est de la race des seigneurs.

Quand reviens-tu ? répète-t-il dans une sorte d'agitation confuse. Il faut que tu ailles tourner au Venezuela. Je vais écrire à l'ambassadeur pour que tu obtiennes le visa. Tu dormiras chez mes frères, il y a une place pour toi dans la famille.

Le dégoût me tient au ventre. J'espère une fâcherie, une dispute, un orage, j'en profiterai pour claquer définitivement la porte, mais rien ne vient. Plus la moindre saute d'humeur. Comme s'il avait compris que le film était désormais fini et que je pouvais m'en aller. Je raconte peu ce que je fais, prenant garde de ne pas finir complètement happée. Il ne pose de toute façon aucune question. Le documentaire va durer pour toujours. Mes visites ne s'arrêteront jamais.

Comment faire pour partir ? Il y a trois manières de finir cette histoire : la fuite, le mensonge ou l'affrontement. Je reste comme incapable de réaction. Un hébétement de camée.

Au prochain Noël, je ne serai plus là. Je me répète cette promesse sucrée. Au prochain Noël, comme chaque année, les dames patronnesses perpétueront cette tradition oppressante : elles décoreront les murs du parloir. Des dizaines de cartes brillantes et colorées y seront scotchées avec des messages d'enfants. Probablement récupérées dans les cours de catéchisme des paroisses environnantes : « vous n'êtes pas seuls », « gardez courage », « je vous aime », signées par des petits Marie-Amélie ou Ambroise à qui on a dû expliquer que des messieurs qui avaient fait des bêtises allaient passer Noël tout seuls. Alors les enfants s'appliquent et se dévouent. L'intention est sans doute louable, mais tellement inutile, presque anxiogène d'incompréhension. Deux mondes qui font semblant de se croiser un instant. Ces cartes que personne ne lit sauf moi disparaîtront quelques semaines plus tard. Cette année, je ne les verrai pas.

Ilich avale son café à petites gorgées. Le vent n'emporte que la gloire. Je cherche un moment décisif où tout se terminerait, où tout basculerait, mais nulle saccade ne se présente à l'horizon. Je t'aime bien, me dit-il souvent.

Jusqu'où peut-on aller pour faire parler les gens ? Il est un peu tard pour se poser la question. Je voulais voir de près le mal absolu. Je l'ai vu et il n'y a pas grand enseignement à en tirer. Je le juge bien sûr. Je le connais désormais et je le juge. Et après ? C'est une ordure, mais je persiste à rire de ses blagues, je continue de partager des cafés. Mes espérances de justicière se sont avérées vaines et présomptueuses. J'ai obtenu des flots de parole. Et c'est tout. On l'a puni en espérant qu'il s'en trouverait mortifié. Mais il ricane en haussant les épaules.

Il n'est même pas anormal, il n'a même pas cette excuse-là. Un être humain dans toute sa misère. Flap flap, nos pas lents qui s'écrasent. Comment peut-on se comporter de la sorte ? Eh bien, on peut et il n'y a guère de réponse. Comment les nazis pouvaient-ils passer leurs journées à Auschwitz au milieu des fours crématoires et rentrer le soir chez eux, embrasser leurs enfants doux et tendres avant de leur jouer du piano ? La moitié des gens présents dans le parloir ont tué ou torturé et ils sourient en avalant des barres chocolatées.

Au milieu de la salle commune, durant toutes ces heures, la vapeur des cafés brûlants nous a étreints. Pourquoi y vas-tu depuis quatre ans ? me demande-t-on sans cesse. Mais comment aurais-je pu imaginer que cela durerait si longtemps ? Tout fut si lent, les mois pour l'atteindre, pour me décider puis pour faire un film, écrire un livre et voilà.

Désormais la porte de la geôle s'est refermée sur moi, étouffant ces mots prononcés à mi-voix : Famille Ramírez Sánchez. Ses bras m'ont enserrée et j'ai craint qu'il ne m'avale dans sa noirceur. La chaleur du plastique entre mes doigts me donne bonne figure. Je suis celle qui apporte des livres, des timbres, du foie gras, celle qui noircit des carnets, celle qui pose des questions mais n'espère plus vraiment de réponses, je suis celle qui se retourne la nuit sans parvenir à trouver le sommeil.

Ne m'oublie pas, me dit-il désormais, lorsque je pars. Comme si je pouvais l'oublier. J'aimerais bien, mais je ne vois pas comment. Je sais qu'il prépare également ma sortie. Pour ne pas être pris au dépourvu s'il me venait l'idée de rejoindre le camp des traîtres. Il attend une œuvre à sa gloire, alors, à la diffusion du film et la sortie du livre, ce sera la grande trahison.

Parfois, il anticipe ma défection : J'ai compris ton petit jeu la fois où tu es venue en jupe. Tu faisais la coquette, mais je ne suis pas tombé dans le piège ! J'ai vu clair, tout ça c'est dirigé par les services. Tu as eu les parloirs parce qu'ils veulent avoir des informations sur moi, ils espèrent que je vais te dire des choses. Ils ne connaissent rien sur moi. Je t'aime bien, mais tu n'es qu'un pion entre les mains de l'ennemi.

Ces paroles me traversent comme une claque. Comme s'il crachait contre ma nuque. La conversation reprend l'air de rien. Je sais que ma désertion sera occultée en une fraction de seconde. Instantanément, je passerai du côté des félons, des alliés du Mossad. Je m'effacerai en un claquement de doigts. Il ne regrettera même pas de m'avoir parlé, je n'existerai plus. Chaque opportunité est saisie à fond, j'en fus une, je vais disparaître.

Je connais désormais ses moindres manies et revirements. Je l'entends me déverser des flots d'horreur sur les gens qui l'aident et le visitent. J'en reste à chaque fois décontenancée. Mais j'avais cru quoi ? Qu'il était bienveillant ?

Ces quatre années vont se dissoudre en un instant. Je fixe les plis de son cou avant qu'ils ne sortent de ma mémoire. Ses doigts. Son ventre rebondi. Son visage. L'odeur du café tiède dans les timbales en plastique. Les fumées de cannabis qui me sautent si souvent à la gorge. Pour la dernière fois, je prononcerai ces mots extravagants : Famille Ramírez Sánchez, avant de récupérer les clés de mon casier.

Tu devrais lui écrire pour lui expliquer, me conseillent certains de mes proches. Mais Ilich n'est pas le genre de type avec qui on peut s'expliquer. On est avec lui ou contre lui. Rien ne pourra m'être pardonné. Nous nous quitterons sur un malentendu sans nous dire au revoir. J'arrêterai sans un mot. Il se prendra le livre et le film sur la tête. J'en ai une boule dans le ventre. Et de la peine aussi.

Il a tué durant tant d'années que pour lui l'humanité se divise en deux : ceux qui assassinent et les autres.

Cette certitude contamine tout. De la façon de boire son café au tressautement dans sa voix lorsqu'il dit bonjour. Je suppose que lorsque je ne viendrai plus, il trouvera d'autres visiteuses pour rejoindre les essaims de femmes immobiles sur leurs chaises en plastique. D'autres que moi emprunteront le tronçon de route rectiligne qui mène à la Centrale de Poissy.

La dernière visite. Ce jour-là, comme tous les autres jours, il m'enverra un baiser avant de tourner les talons. Un dernier geste de la main et ce sera fini. Sa voix assourdie par l'oubli ne sera plus qu'un souvenir. Il me restera juste un goût de sang au fond de la gorge et le silence épais. Dehors la nuit sera tombée.

Sur le trajet du retour, dans le RER, chez moi, il me semblera alors que Carlos me regarde fixement en plissant les yeux.

Avec tous mes remerciements à Juliette, Pili, Christophe, Jennifer et Laszlo.

TABLE

Cet ouvrage a été imprimer sur Roto-Page
par l'Imprimerie Floch à Mayenne
pour le compte des éditions Grasset
en septembre 2018

Mise en page PCA
44400 Rezé

PAPIER À BASE DE
FIBRES CERTIFIÉES

Grasset s'engage pour
l'environnement en réduisant
l'empreinte carbone de ses livres.
Celle de cet exemplaire est de :
800 g éq. CO_2
Rendez-vous sur
www.grasset-durable.fr

N° d'édition : 20603 – N° d'impression : 93209
Dépôt légal : octobre 2018
Imprimé en France